Wir wollen euch scheitern sehen!

Alexander Görlach gibt seit fünf Jahren das von ihm gegründete Debatten-Magazin *The European* heraus. Er ist daher ständiger Beobachter gesellschaftlicher Kontroversen und Diskurse. Der promovierte Theologie und promovierte Linguist war zuvor der Online-Ressortleiter des Politik-Magazins *Cicero*. Als Autor hat er für die *F.A.Z.*, die *Süddeutsche* und *Die Welt* geschrieben. Görlach war zudem als Fernsehjournalist unter anderem für das ZDF tätig. Der 37-Jährige hat einige Lehraufträge zu digitalem Wandel, zu Journalismus und zu Politik und Religion inne, unter anderem an der Freien Universität Berlin. Görlach ist als Experte für gesellschaftspolitische Fragen regelmäßig bei *N24* zu sehen.

Alexander Görlach

Wir wollen euch scheitern sehen!

Wie die Häme unser Land zerfrisst

Campus Verlag
Frankfurt/New York

MIX
Papier aus verantwortungsvollen Quellen
FSC® C089473
FSC
www.fsc.org

ISBN 978-3-593-50042-3

Umschlaggestaltung: Anne Strasser, Hamburg
Satz: Fotosatz L. Huhn, Linsengericht
Gesetzt aus: Sabaon und Akzidenz Grotesk
Druck und Bindung: Beltz Bad Langensalza
Printed in Germany

Dieses Buch ist auch als E-Book erschienen.
www.campus.de

INHALT

DANKSAGUNG UND WIDMUNG

Danken möchte ich allen meinen Kolleginnen und Kollegen des Debatten-Magazins *The European* für die vergangenen fünf Jahre, in denen wir einen wichtigen Beitrag für die Diskussionskultur in Deutschland geleistet haben.

Widmen möchte ich dieses Buch meinen Freunden Christoph Blumenberg, Kolja Hebenstreit und Dario Suter.

VORWORT VON CHRISTIAN WULFF, Bundespräsident a. D.

Ist die Frage zulässig, wie es sich anfühlt, oberster Repräsentant des Staates in der Welt zu sein, am nächsten Tag über Monate den Spott der ganzen Republik zu erleben und dann auf der Anklagebank zu sitzen wegen eines Besuches beim Oktoberfest in München vier Jahre zuvor? Mit mehr Medienbeobachtung als beim NSU-Prozess, wo zigfacher gemeiner Mord der Aufklärung und Verurteilung harrt?

Die Fallhöhe, die ich zu spüren bekommen habe, ist recht spektakulär. Aber ich glaube, auch wenn die Fallhöhe geringer ist, ist das Gefühl, das der Einzelne verspürt, vergleichbar. Wie fühlt sich ein Fußballtrainer, der an einem Tag auf Händen getragen wird, weil die Mannschaft gewinnt und am nächsten Tag übel und verächtlich beschimpft und vom Platz gejagt wird, weil die Mannschaft verliert? Wie fühlt sich die Schülersprecherin, die sich ehrenamtlich in ihrer Freizeit engagiert und freiwillig bemüht, eine schöne Abiturfeier zu organisieren, ihre Vorschläge dazu für die Mitschüler ins Internet stellt und plötzlich mit rücksichtsloser Häme überzogen wird?

Es ist einfach, jemanden zu verspotten. Niedermachen ist einfacher als Selbermachen. Das Wort »Schadenfreude« kennen viele Sprachen in dieser Zusammensetzung von Schaden und Freude nicht. Viele werden schon mal Schadenfreude verspürt haben, wenn jemandem, den wir nicht mögen, dem wir etwas neiden, ein Missgeschick passiert ist. Wichtig ist, wie wir genau mit diesem Gefühl umgehen. Uns sollte bewusst sein, dass auch wir Fehler machen und uns überlegen, wie wir dann behandelt werden möchten. In jedem Fall wohl doch mit einem Mindestmaß an Respekt. Der respektvolle Umgang miteinander ist eine der Grundlagen unseres Zusammenlebens und des Zusammenhalts der Gesellschaft. Wir schulden einander Wertschätzung und Respekt, egal ob jung oder alt, ob arm oder reich, ob mit Behinderung oder ohne Behinderung, ob alteingesessen oder zugewandert. Das gilt genauso, wenn die politischen Ansichten überkreuz liegen oder man verschiedenen Religionen angehört. Es gilt für den Umgang mit Personen des öffentlichen Lebens genauso wie für den Umgang mit Freunden, Nachbarn, Vereinsmitgliedern, Lehrern, Kollegen. Es ist eigentlich so einfach. Wie schön wäre es, wir würden alle Menschen schlicht so behandeln, wie wir uns wünschen, behandelt zu werden. Wir alle sind verschieden, und Verschiedenheit ist nicht immer einfach. Manches Mal führt sie zu Auseinandersetzungen und regen Debatten. Unsere Gesellschaft lebt vom Diskurs. Er ist Motor des gesellschaftlichen Fortschritts und so verstanden wird auch Verschiedenheit zu einem Motor dieses Fortschritts. Streiten wir also über den Verkauf von Süßigkeiten in der Schule, über die geplante Umgehungsstraße genauso wie über Asylpolitik oder Auslandseinsätze der Bundeswehr. Streiten wir in der Sache, aber achten wir auf unsere Worte. Hüten wir uns vor Pauschalisierungen. Es ist leicht, von denen da oben zu reden, von den Politikern, den Journalisten oder den Ausländern zu sprechen. Letztlich werden wir damit niemandem gerecht. Hören wir einander zu und hüten wir uns ebenso vor persönlichen Herabsetzungen. Sie sind verletzend und führen dazu, dass sich Menschen zurückziehen. Menschen, die wir zumindest an anderer Stelle noch dringend brauchen könnten.

Ich denke an die eben erwähnte Abiturientin. Sie hat, nachdem sie die hämischen Kommentare im Internet gelesen hat, weinend hingeschmissen – sie sah für ihr Seelenheil keinen anderen Ausweg – und den anderen die Organisation überlassen. Wollen wir das? Kann eine Gesellschaft es sich leisten, dass junge Menschen ihr Engagement aufgeben? Und wird dieser Mensch sich noch einmal freiwillig in anderer Sache engagieren oder doch eher die Konsequenz ziehen, lieber nicht in der ersten Reihe zu stehen und selbst zu organisieren, sondern aus der zweiten oder dritten Reihe die Organisatoren zu kritisieren? Demokratie ist zwingend auf Mitwirkung, auf freiwilliges Engagement angewiesen. Wenn das Bild von Jägern und Gejagten um sich greift, werden viele geschützt abseits verbleiben oder sich in Sicherheit bringen. Wollen wir das? Wer bleibt in der aktiven Auseinandersetzung? Wie verhalten sich diejenigen zukünftig? Wie leben deren Familien zukünftig? Das Gemeinwesen würde nicht funktionieren, wenn sich Menschen nicht überall einbringen. Überall müssen wenigstens ein paar bereit sein, Verantwortung zu übernehmen, als Schülersprecher, als Kirchenratsvorsitzende, als Betriebsrat oder Vereinsvorstand. Diesen

Menschen gebühren erst einmal Anerkennung und Respekt, auch wenn sicher nicht jeder mit allem einverstanden sein wird, was diese entscheiden. Das Gleiche gilt in der Politik. Eine Demokratie ohne Volksvertreter gibt es nicht. Auch hier können nicht alle mit allen Entscheidungen aller Volksvertreter einverstanden sein, aber auch hier gilt es, den Politikern erst einmal respektvoll zu begegnen, um dann über Inhalte oder auch über Verfehlungen von Politikern zu diskutieren – in einem angemessenen Ton. Am einfachsten gelingt dies, wenn man sich für einen Moment vorstellt, selbst dieser Amtsträger oder dessen Familienangehöriger zu sein, über den man spricht. Das kann man gar nicht früh genug lernen. In der Jugend entscheidet sich die Grundhaltung, mit der jemand später im Leben Menschen gegenübertritt. Ob Respekt und Empathie oder ob Vorurteile das Menschenbild prägen. Wer in jungen Jahren lernt, wie wichtig es ist, respektiert zu werden und andere zu respektieren, der wird später offener auf Menschen zugehen. Und wer merkt, dass er etwas verändern und bewirken kann, der wird sich später eher für die Gemeinschaft engagieren. Setzen wir der Häme, die in diesem Buch ausgeleuchtet und hinterfragt wird, Respekt entgegen. Alexander Görlach zeigt auf, wohin unsere Gesellschaft steuern kann, wenn Häme sich im elektronischen IT-Zeitalter schneller, anonymer, weltweit ausdehnt. Fragen wir uns einfach: Was können wir selbst dazu beitragen, den Zusammenhalt untereinander zu stärken? Auch den Zusammenhalt im Kleinen. Fragen wir uns, ob wir genug wertschätzen, was andere für uns tun, häufig ohne etwas zu hinterfragen, sondern einfach so. Dieses Wirken für andere ist der Kitt in unserer Gesellschaft. Manchmal misslingt auch etwas. Aber das sollte kein Anlass für Häme und Diffamierung sein. Denn wir wollen doch in einer Welt leben, in der Menschen füreinander da sind und füreinander einstehen, oder?

EINLEITUNG

Diese Streitschrift hat mit den Namen Rainer Brüderle, Theodor zu Guttenberg, Uli Hoeneß, Jörg Kachelmann, Annette Schavan, Andreas Türck, Christian Wulff und Klaus Zumwinkel zu tun. Das sind Prominente, die für die Öffentlichkeit in Ungnade gefallen sind. Wir schauen in diesem Buch allerdings nicht auf sie, sondern auf uns. An unserem Umgang mit den Prominenten – mit denen »da oben«, wie wir sie gerne nennen – offenbart sich, dass wir als Gesellschaft ein Problem haben. Es wird sich, einmal ausgewachsen, zum Sargnagel unserer Gemeinschaft entwickeln.

Wir haben ein grundlegendes Problem mit denen »da oben«. Wir verehren sie, verfolgen in Gazetten jeden ihrer Schritte und suchen ihre Nähe. Dennoch stoßen sie uns ab. Wir neiden ihnen nämlich, dass sie »es geschafft« haben und wir nicht. So sind die Prominenten unser Vorbild und unser Menetekel.

Das »Oben« wird in dem Zusammenhang, in dem es in den vorliegenden Fällen genutzt wird, als eine Sphäre verstanden, die dem Olymp der Götter gleicht: Für den Normalsterblichen ist dieser Ort nicht zugänglich. Warum diese Überhöhung? Die meisten der Personen »da oben« sind dort, weil wir sie dorthin gebracht haben: durch Wahlen, Aktionärsversammlungen, Casting-Shows, den Kauf von Kino-Tickets und DVDs und durch das Anfeuern dieser oder jener Mannschaft. Wir schaffen mit unserem Verhalten, mit unserer Auswahl, die Grundlage für ihren Erfolg – gesellschaftlich und wirtschaftlich. Haben sie dann Erfolg, sind sie also zu Prominenten geworden, sind sie unserem Zugriff entzogen. Wir verlieren die Kontrolle über sie. Und das ärgert uns.

Das Leben dieser Menschen wird aus unserer Mitte, aus der Gesellschaft, hinaus in die Öffentlichkeit gehoben. Die Öffentlichkeit wiederum ist ein virtueller Raum. In ihr werden bestimmte Personen in den Mittelpunkt gestellt und von Menschen bewertet, denen sie nie begegnet sind. In dieser virtuellen Realität gelten andere Regeln als dort, wo Menschen in Bezügen miteinander leben, die noch als persönliche Beziehungen bezeichnet werden können.

Die »da oben« sind nicht nur die Prominenten, die wir aus Casting-Shows oder aus den Debattenübertragungen aus dem Bundestag kennen. Aus vielfältigen begrenzten Bezügen brechen Menschen aus und stechen aus dem Umfeld heraus, aus dem sie kommen. Dieser oder jene macht Karriere, diese oder jene heiratet gut, dieser oder jener macht diese oder jene Reise, hat dies oder jenes ausgefallene Hobby. Die Prominenten aus dem Fernsehen haben gewissermaßen kleine Geschwister in den Reihenhaussiedlungen der Republik. Sie gelten nicht in dem Sinne als »die da oben« wie die Prominenten, aber auch sie sind dem Zugriff entzogen, einem Zugriff, der aus dem Gleichsein besteht. Wer gleich ist, den meint man einordnen zu können. Dessen Lebensweg ist vorherbestimmt – wen er heiratet, welchen Beruf er ausüben wird.

Der Ort, an dem das geschieht, ist die Mittelschicht. Die größte Schicht in Deutschland, die ihrerseits vielfältig ist und wiederum aus verschiedenen Schichten besteht. Ein Facharbeiter in Karlsruhe, verheiratet, mit zwei Kindern, Einfamilienhaus, gehört ihr ebenso an wie ein Facharzt in Berlin, in eingetragener Partnerschaft mit seinem langjährigen Partner, Loftwohnung. Der eine verdient 60 000 Euro, der andere 80 000. Der eine hat eine Ausbildung, der andere hat studiert. Beide möchten in ihrem Leben weiterkommen, beide orientieren sich nach oben. Beide versuchen, in den Bezügen, in denen sie stehen, weiterzukommen. Dabei gibt ihnen die gewohnte Umgebung Halt und Sicherheit. Ein Ausbruch aus dieser Umgebung bedeutet einen Aufbruch ins Ungewisse. Wer den Sprung wagt, steht unter Beobachtung, unter der Beobachtung seines direkten gesellschaftlichen Umfelds. Beide, der Facharbeiter und der Facharzt, sind noch nicht Gegenstand der Betrachtung der Öffentlichkeit, aber indem sie beide versuchen, mehr aus dem zu machen, was sie bislang haben, sind sie eine Herausforderung für diejenigen, die sie zurücklassen, und eine Konkurrenz für diejenigen, die sich ebenfalls aufmachen, um die Mitte mit ihren vorgegebenen Wegen zu verlassen.

Die Prominenten in der Öffentlichkeit und die Aufsteiger in der Gesellschaft zeigen beide gleichermaßen, dass wir in Deutschland in einer Meritokratie leben. Wer sich anstrengt, kann etwas erreichen: wer sich in der Jugendorganisation einer Partei durchbeißt, wer im Fußballtraining immer eine Schippe drauflegt oder wer nicht nur sagt, dass er eine Schauspielschule besucht, sondern hart an sich arbeitet. Niemand wird bestreiten, dass beispielsweise Christian Wulff oder Uli Hoeneß hart gearbeitet haben. Harte Arbeit allein reicht aber nicht – leider. Es gibt sicher logische Konsequenzen, aber keinen Automatismus. Nicht jeder, der in der Regionalliga ein guter Spieler ist, hat das Zeug zum Erstligisten. Nicht jeder gute Schülersprecher ist ein guter Mandatsträger in Land- oder Bundestag. Können und Glück formen gemeinsam das Schicksal der Menschen. Die einen schaffen es nach »ganz oben«, die anderen nicht. Können plus Glück ergibt maximalen Erfolg. Das ist alles andere als fair oder nachvollziehbar.

Diese Umstände, die, kurz gesagt, unser Leben beschreiben, sind der Anfangspunkt des Neides. Was hat der andere, was ich nicht habe? Aus dem Verdienst, das aus Können und Glück resultiert, erwächst die Prominenz, sei es die kleine Form innerhalb konkreter sozialer Bezüge, wie in einer Familie, einem Dorf, einem Verein oder in einer Kleinstadt, oder die große Form in der Öffentlichkeit, die über diese Bezüge hinausgeht.

Aus der ungerechten Mischung von Können und Glück entsteht die Notwendigkeit, dem sozialen Zusammenhalt an anderer Stelle Genüge zu tun. In vielen Fällen engagieren sich die, die da oben sind, egal ob lokale Größen oder Prominente, in der einen oder anderen Weise sozial. Eine häufige Begründung für dieses Engagement ist der Wunsch, von dem Glück, das man selbst gehabt hat, etwas zurückzugeben.

Auf dem Weg von den konkreten sozialen Bezügen in die Prominenz verengt sich der Blickwinkel. Unser Interesse als Öffentlichkeit gilt nicht allen, die Meriten erworben haben, sondern beschränkt sich auf die, deren Leben wir in Zusammenhang mit Glamour, Partys, Backstage-Bereichen und VIP-Lounges bringen. Uns interessieren daher kaum die Forscher, Wissenschaftler und Literaten, aber die Schauspieler, Fußballstars und Musiker umso mehr. Politiker und Wirtschaftsmenschen faszinieren uns, nicht, weil sie sexy sind, sondern weil sie sich durch ihre Macht Zugang zu Prominenten verschaffen können. Dadurch werden sie selbst in einer bestimmten Form zu Prominenten. Und natürlich übt die Aura der Macht alleine, wie sie von Politikern und Wirtschaftsbossen ausgeht, eine gewisse Anziehung auf Menschen aus.

Niemand kann etwas für den Zusammenhang von Können und Glück. Es ist in die Grundfesten unseres Zusammenlebens, quasi in die Türschwelle zu dieser Welt eingelassen: Das Leben ist nicht fair. Wenn wir in gedeihlicher Weise zusammenleben wollen, müssen wir das akzeptieren. Zu großem Können gesellt sich nicht immer das nötige Glück. Das nötige Glück kann sein, bei einem bestimmten Casting zu überzeugen oder bei einem wichtigen Probetraining auf dem Rasen zu reüssieren. Unser Problem mit allen Formen von »Aus dem Glied treten und nach oben durchstarten«, unser Problem mit denen »da oben«, beginnt damit: Wir werden, sozial gesehen, nie alle gleich sein. Können und Glück werden in allen freien Gesellschaften Unterschiede hervorbringen.

Die, die wir über die Öffentlichkeit als »da oben« erleben, müssen einen besonderen Dienst leisten. Es sind Personen, mit denen sich die Menschen identifizieren wollen, an denen sie sich orientieren wollen. Deshalb sprechen wir unablässig von den Qualitäten unserer Spitzensportler. Wir verehren Sänger, Musiker und Schauspieler. In der Öffentlichkeit konzentrieren sich die Augen aller auf diese Menschen. Sie sollen Identität geben. Das geschieht nicht nur in Zustimmung, sondern auch in Ablehnung. Natürlich kennt man auch die Angehörigen der Parteien, die man selbst nicht wählt, und diskutiert über sie. Man kennt ebenso die Fußballmannschaft, für die man nicht jubelt, und spricht über sie, oder auch über bestimmte Schauspieler und Musiker, für die man nicht schwärmt.

In der Öffentlichkeit bilden die Personen, die wir auf diese Weise verehren oder ablehnen, zusammen ein Ensemble. Wir denken, dass diese Prominenten stets miteinander im Austausch sind, eine eigene Welt für sich. Diese Welt ist am ehesten vergleichbar mit den Fresken, die die Philosophen lustwandelnd miteinander zeigen, oder die Heiligen, die im Himmel vereint in der steten Gegenwart Gottes sich immerwährend aneinander freuen. Das ist eine Konstruktion. So wie der Olymp eine Konstruktion war – eine Ansammlung von Göttern mit menschlichen, sehr menschlichen Zügen. Sie betrogen einander und spannten einander die Geliebten aus. Sie waren mürrisch, böse und rachsüchtig. Manchmal liebten sie sehr, manchmal hassten sie umso abgrundtiefer. Auch die Welt und das Leben der Heroen ist eine Konstruktion, in diesem Falle eine literarische: das Leben von Herakles und Odysseus, das Leben Christi, die Abenteuer von Don Quijote, Robin Hood und Sherlock Holmes. Wir idealisieren Lebensläufe und charakterliche Eigenschaften, um sie mit unserem eigenen Leben abzugleichen und um Ideale zu etablieren, denen wir während unseres Lebens nacheifern möchten.

Diese literarische Öffentlichkeit aus vergangenen Jahrhunderten ist unserer Öffentlichkeit ähnlich: Beide sind medial vermittelte Öffentlichkeiten. Die Schrift ist ein Medium, das idealisiert. Die Sprache gliedert und strukturiert die Fantasie, die unbegrenzte Welt des potenziell Sagbaren. Was ein Held ist, wird heute erzählt, nicht nur in literarischen Gattungen wie Novelle und Roman vorangegangener Epochen, sondern in einem viel ausdifferenzierteren Set an Formaten und Stilen. Medien sind das, worauf die Geschichte des Helden, den wir synonym gebrauchen mit »dem da oben«, der die öffentliche Aufgabe des Vorbilds übernimmt, transportiert wird: sei es eine Zeitungs-, eine Magazin- oder eine Buchseite, sei es ein Fernsehbericht oder ein Kinofilm, sei es auf einer Webseite oder in den sozialen Netzwerken.

Das, was als heldenhaftes Verhalten positiv bewertet wird, variiert. Jede Zeit prägt ihre eigenen Ideale aus. Für den mittelalterlichen Menschen war der, der den sieben Todsünden aus dem Weg ging, ein tugendhafter Mensch. Für uns Heutige heißt es hingegen »Geiz ist geil« – Geiz ist eine jener sieben Todsünden. Eine Gesellschaft kann mit ihren Idealen scheitern. Auch wenn es anders scheint: Die Gesellschaft macht ihre Helden, sie erhebt sie in die Öffentlichkeit. Scheitern die Helden, ist die Gesellschaft gescheitert. Wenn der Held die Ansprüche, die die Gesellschaft an ihn richtet, nicht erfüllen kann, gilt es immer, die Ansprüche zu überprüfen.

Der Messias, so heißt es, sei jener, der es schaffe, in seiner Person alle Gebote der Thora und des Talmud zu erfüllen, insgesamt etliche hundert. Können unsere Prominenten all das liefern, was wir von ihnen verlangen, was wir ihnen an Idealen aufbürden? Diese Frage heißt zugleich auch: Können wir, kann einer von uns, nach diesen Idealen leben?

Nun zurück zu den Namen vom Anfang, zu Rainer Brüderle, Karl-Theodor zu Guttenberg, Uli Hoeneß, Jörg Kachelmann, Annette Schavan, Andreas Türck, Christian Wulff und Klaus Zumwinkel. Wenn sich einer der Helden der Öffentlichkeit etwas zuschulden kommen lässt, dann beginnt der Fall des Helden. Er tritt den Rückweg in das Glied an, zurück zu den Normalsterblichen, zurück in die Reihenhaussiedlung. Sein Abstieg ist begleitet von einem schmutzigen Begleitgesang. Fallender Gott. Mit Mitleid für ihn ist in Deutschland nicht zu rechnen. Das sagt nichts über den, der abstürzt, aber alles über die, in deren Mitte sich der Absturz ereignet.

Es ist unerheblich, ob Frau Schavan in den 80er-Jahren des vergangenen Jahrhunderts die gängige Zitationsweise genommen hat, die heute nicht mehr Standard ist. Es ist unerheblich, ob Bundespräsident Wulff als Dankeschön für ein Bobbycar, das in der Spielecke von Schloss Bellevue gelandet ist, den Schenker zu seinem Sommerfest einlädt. Zitationsweisen und Bobbycars schaffen in unserem Land steilste Erregungskurven, an denen zweifelsfrei abzulesen ist, dass es hier nicht um die Sache geht, sondern um etwas anderes. Die meisten von uns wissen nicht, wie es in einer Universität oder im Bundespräsidialamt zugeht.

Wir wissen immer, wie wir uns verhalten hätten, wenn wir Promovent oder Bundespräsident wären. Die anderen, so sagen es die Sozialwissenschaften, meinen wir an ihren Eigenschaften festmachen zu können. Wir wissen, dass einer machtgeil ist oder eine gierig. Bei uns selber hingegen sind wir geneigt, die Umstände anzuführen, die uns zu unserem Verhalten gezwungen hätten. Beim anderen geht Fehlverhalten auf einen schlechten Charakter zurück, bei uns selber sind die Umstände alternativlos gewesen. Das gilt nicht nur für die Prominenten, für unsere Helden, sondern auch für den Nachbarn.

Warum trifft es die Prominenten, die in der Öffentlichkeit stehen, besonders hart? Weil sie eine öffentliche Aufgabe erfüllen. Als Helden füllen sie die Lehrstelle des Vorbilds, die Rolle derer, denen wir nacheifern.

Da wir Helden als solche fassen, die bei jeder Party Einlass erhalten und ansonsten auch mit reichlich Vorzügen gesegnet sind, gehen wir davon aus, dass sie für ihr Vorbildsein ausreichend belohnt werden. Aufgrund dieser vermeintlichen und echten Privilegien sagen wir, dass die fallenden Helden, die ehemaligen Bewohner des Olymp, unser hartes Urteil verdient hätten. Diese Zuschreibung kann nur funktionieren, wenn man sich die Prominenten in einer immerwährenden Party vorstellt, so wie die Philosophen der Antike oder die Heiligen der Christenheit. Als Menschen, enthoben aller innerer Zerrissenheit und Anfechtung, immer umgeben von einer Gloriole. In unserer direkten Umgebung gibt es solche Menschen nicht. Wieso sollten die, die in einer Öffentlichkeit virtuell und medial vermittelt vor uns stehen, anders sein?

Sie sind nicht anders. Die innere Zerrissenheit – der *homo incurvatus in se ipsum,* wie Martin Luther das nannte – ist eine Realität, die wir anerkennen müssen, genauso wie die Tatsache, dass das Leben nicht fair ist, und den Umstand, dass sich zu Können leider nicht immer das verdiente Glück gesellt. Der Mensch ist immer zugleich ein Sünder und ein Gerechter – *homo simul iustus et peccator*, auch das ist von Martin Luther. Der Mensch hat Ideale und weiß, dass er ihnen nicht immer gerecht wird. Im anderen erblicken wir uns selbst: Wollen wir mit den fallenden Helden auch unsere eigenen Untugenden einreißen? Ich fürchte, der Zusammenhang zwischen dem Balken in unserem Auge und dem Splitter im Auge des anderen ist uns nicht immer bewusst, wenn wir agieren.

Sind die Prominenten denn nun anders? Nein, sie sind nicht anders. Sie verdienen, was wir auch für uns selbst wünschen: Sympathie und Respekt. Sympathie ist die Fähigkeit, Mit-Leid zu empfinden, also Mit-Gefühl mit dem Mit-Menschen zu haben. Respekt ist eine Form des nötigen Abstands vor dem Geschick und den Lebensumständen von anderen Menschen.

Diese Streitschrift wirbt nicht zwingend um Verständnis mit gefallenen Helden. Sie sagt vielmehr: An unserem Umgang mit den Prominenten zeigt sich, dass wir als Gesellschaft ein Problem haben. Denn die Prominenten haben kleine Geschwister, vielleicht in jeder Familie. Ihre charakterliche Disposition unterscheidet sich zudem nicht von der anderer Menschen. Die Moral, die sie in ihrem Leben verwirklichen sollen, ist unsere Moral, ist die Moral der größten Gruppe in Deutschland, die der Mittelschicht.

Wir beobachten an dem Umgang mit den Prominenten Dinge, die nicht unsere Helden betreffen, sondern unser Zusammenleben: Die Häme bestimmt den öffentlichen Diskurs. Barmherzigkeit wird nicht gewährt. Wenn wir so weitermachen, wird uns als Gesellschaft bald jeder Zusammenhalt abhandenkommen.

Wir müssen uns, das ist eine zentrale Forderung dieser Streitschrift, von unserer Fixierung auf Personen lösen. Wir müssen über Ideen sprechen, über Ideen, die unser Zusammenleben fördern. Wir müssen über Ideen streiten, die uns voranbringen.

Wer ist angesprochen?

Es wird hier so sein, wie es häufig der Fall ist: Die, die eigentlich gemeint sind, kümmert es nicht. Die, die eigentlich nicht gemeint sind, nehmen es sich zu Herzen. Meine Analyse ist, dass die Öffentlichkeit als virtuelle Größe Häme zur Tugend macht, Barmherzigkeit als Schwäche brandmarkt und das Kreisen um Personen zu einer intellektuellen Herausforderung erhebt. Das, was die Öffentlichkeit präsentiert, wird von vielen Menschen in ihren konkreten sozialen Bezügen übernommen. So schleicht sich die Häme, eine Begleiterscheinung des Neids, aus der Talkshow in die Gewerkschaftssitzung und den Ausflug der katholischen Landfrauen. Der Pranger, der in der Öffentlichkeit errichtet wird, wird zum Begleiter des täglichen Lebens. Wer kann sich noch einen Fehler erlauben? Was werden die Konsequenzen sein?

Es geht darum, dieses Durchsickern, das Diffundieren des Neids aus der Öffentlichkeit in die Gesellschaft zu thematisieren. Von Interesse dürfte das für uns alle sein. Besonders gefährdet ist die Mittelschicht, denn sie ist die Gruppe in der Gesellschaft, die die Moral entwickelt und bewahrt, die die großen Linien entwirft, die Ideale und Ziele für unsere Gesellschaft. Hier werden Helden geboren – und hier werden sie auch gestürzt, gekreuzigt und begraben. Wenn wir an der Abwärtsspirale, die die Häme in Gang setzt, etwas ändern wollen, müssen wir als Mittelschicht über unsere Rolle nachdenken. Mit diesem Nachdenken ist die Frage verbunden, in welcher Gesellschaft wir überhaupt leben möchten. Wir haben uns daran gewöhnt, diese Verhandlung an den Gesetzgeber auszulagern.

Wir sehen, dass unsere Helden scheitern. Das macht uns Angst vor dem eigenen Scheitern. Ihre Ideale sind unsere Ideale. So entsteht eine Gesellschaft, in der die Risikoaversion belohnt wird, in der kleine Brötchen gebacken werden – aus Angst davor, dass der Ausbruch aus dem Gang der Dinge negativ gesehen und ein Scheitern mit Häme begleitet wird. Wer Visionen hat, solle besser zum Arzt gehen. Diesen Satz haben wir verinnerlicht. Und so zahlen wir lieber mit kleiner Münze in unserer geistiges Portemonnaie ein, als große Ideen voranzutreiben. Nicht auffallen, sondern in Reih und Glied bleiben!

Am Ende sind wir nicht mehr zu Milde fähig, gegenüber unseren Prominenten und gegenüber uns selber. Wir müssen mit der Vorläufigkeit unseres Handelns, mit unserer Fehleranfälligkeit, Frieden schließen. Milde schließt die Fähigkeit ein, zu vergeben. Wenn jemand gestürzt ist, dann muss er oder sie die Möglichkeit haben, wieder aufzustehen.

Und: Wenn wir an dem Zustand der Häme nichts ändern, werden wir in einer Gesellschaft der ständigen Beobachtung leben. Die Öffentlichkeit versteigt sich in das Urteil, den Helden auf die Finger schauen zu müssen. In unseren konkreten sozialen Bezügen machen wir das genauso. Die Beobachtung mündet in Tugendterror. Wenn der Tugendterror mit einer permanenten Ansprache des Gesetzgebers einhergeht, dieses oder jenes zu tun, dann geben wir sehenden Auges die Freiheit aus der Hand, die uns zum Handeln befähigt. Wer kann das wollen? Für die, die das nicht wollen, ist diese Streitschrift entstanden.

Was diese Streitschrift bewirken soll

Lassen Sie uns gemeinsam darüber reflektieren, was Moral bedeutet. Wir müssen über die Barmherzigkeit sprechen. Diese Streitschrift will das Schlimmste verhindern. Der Narrativ unserer Gesellschaft kann nicht auf Häme gründen. Wer sind unsere Helden? Wir sollten dafür Sorge tragen, dass sie wie auch wir in der Lage sind, das Heldentum zu meistern. Wenn Moral nicht mehr erfüllbar ist, beginnt das Moralisieren. Moralisieren ist bigott. In freiheitlichen Gesellschaften muss man nicht moralisieren.

Wir müssen auch über die Sünde sprechen. Häme ist eine Ausdrucksform des Neids. Der Neid ist eine Todsünde. Todsünde, in einen säkularen Kontext überführt, bedeutet eine Eigenschaft, die das Zusammenleben unmöglich macht und schließlich abtötet. Mag im theologischen Sinn die Todsünde die Kardinalmethode sein, um sich den Zugang ins Ewige Leben zu verbauen, so wirkt sie, solange wir auf Erden sind, als Katalysator einer gesellschaftlichen Apokalypse. Die Todsünde hat eine absolute Kraft, sie ist erst dann eine Todsünde, wenn sie wirklich den Tod, also das Ende, gebracht hat. Die Alten haben, um ihr Gewissen zu schärfen und ihr Handeln zu prüfen, sogenannte Beichtspiegel und Gewissenserforschungen in ihren Andachts- und Gebetbüchern studiert.

Das Ziel der Beichte war die Besserung des Lebens. Wollen wir uns heute noch bessern? Möchten wir als Einzelne, möchten wir gemeinsam als Gesellschaft etwas lernen, uns bessern? Besserwerden ist gegenläufig zum Schneller, Weiter, Effizienter der allgemein herrschenden Lehre. Ihr geht es nicht um das *bonum commune*, die allgemeine Wohlfahrt. Ihr geht es um die Maximierung der eigenen Interessen, um mehr Gewinn. Die Einzelnen erwirtschaften diesen Ertrag, das Verhältnis dieser Einzelnen zueinander ist unerheblich, mehr noch: nicht förderlich. Das heißt, das *bonum commune* rückt erst aus der Mitte, dann immer weiter in die Peripherie, bis es am Ende aus unserem Blickwinkel entschwunden ist.

Eines ist schon an dieser Stelle klar: Wir betreiben keine Gewissenserforschung mehr. Anders lässt es sich nicht erklären, wie der Slogan einer Elektronikmarkt-Kette – »Geiz ist geil« – unwidersprochen Eingang in das Sprechen und damit in das Denken und Handeln unserer Gesellschaft gefunden hat. Geiz ist nicht geil, Geiz ist eine Todsünde. Eine Gesellschaft, die aus Einzelnen besteht, die geizig sind, kann nicht bestehen. Beziehungen zwischen Menschen erschöpfen sich nicht in einem »*do ut des*«, in einem »Eine Hand wäscht die andere«.

Die Elektromarkt-Strategen sind nur die Einpeitscher jener Lehre, von der bereits die Rede war. Der bloße Geiz ist uninteressant. Der Geiz muss kanalisiert werden und sich darin ausdrücken, dass die Einzelnen konsumieren kommen, in ihren Läden Schnäppchen jagen. Ein »Wir« ist hier nicht vorgesehen, denn es ist schlecht für den Absatz. Warum sollten die Menschen gemeinsam fernsehen? Jeder Haushalt sollte sich für jedes seiner Mitglieder einen schönen tollen Entertainment-Kasten leisten, damit man bei der Programmauswahl nicht mehr aneinandergerät.

So wie mit dem Geiz ist es auch mit dem Neid, dessen Werk wir an der Häme erkennen können, die wir kübelweise über andere gießen. Die Konsequenz liegt doch auf der Hand, analog zu dem Fernsehbeispiel: Wir ziehen uns zurück und teilen möglichst wenig miteinander. Warum? Um nicht angreifbar zu sein. Wenn wir andauernd unter Beobachtung stehen, wenn ein Ausscheren aus der Mitte bei Misserfolg eine Exkommunikation aus dem sozialen Gefüge nach sich ziehen kann, dann teilt man möglichst wenige seiner Gedanken mit den anderen. Wir glauben in der Konsequenz dann nicht mehr an ein im Vertrauen gesprochenes Wort. Zum Glück haben wir alle einen großen Flatscreen, vor den wir uns jeden Abend setzen können.

Was dieses Buch nicht will, ist, Unrecht verharmlosen oder Gesetzesbruch zu einer Bagatelle stilisieren. Genau darum geht es nicht. In den allermeisten Fällen, in der die Häme aus Kübeln auf fallende Helden geschüttet wird, hat noch kein Staatsanwalt Anklage erhoben, noch kein Richter ein Urteil gesprochen. Die Unschuldsvermutung gilt in den Fällen nicht mehr. Der Verdacht genügt. Ob später einmal Recht gesprochen wird, was den gefallenen Helden rehabilitiert oder verurteilt, wird an dieser Stelle nicht beachtet.

Ein Beispiel ist das Foto von Klaus Zumwinkel, der von der Polizei abgeführt wird. Jemand hat den Journalisten einen Tipp gegeben. Der Mann war damit schon in der Öffentlichkeit verurteilt. Eine Unschuldsvermutung gab es für ihn nur noch auf dem Papier. Das kann man auch nicht ex post für richtig erklären, weil der Richter die Beweislage entsprechend ausreichend für eine Verurteilung sah – Bewährungsstrafe und Geldbuße. Das war nicht klar, als Klaus Zumwinkel fotografiert wurde. Ihm hätte die Zurschaustellung erspart bleiben müssen. Das Foto des Ertappten und Gefassten wird der ehemalige Postchef nie mehr los werden und die dazugehörende Häme, wenn er sich öffentlich zeigt, auch nicht.

Es geht also nicht um das Urteil, nicht um die gerechte Strafe, sondern darum, was die Strafe umrankt und was, leider, oft genug zum eigentlichen Gegenstand des öffentlichen Prangers wird. Es geht um das Breittreten von allem, was den Fall im Entferntesten betreffen könnte, ohne sich dabei von der Unschuldsvermutung oder der Arbeit der Justiz aus dem Konzept bringen zu lassen.

DIE FÄLLE

Rainer Brüderle, Karl-Theodor zu Guttenberg, Uli Hoeneß, Jörg Kachelmann, Annette Schavan, Andreas Türck, Christian Wulff, Klaus Zumwinkel

Andreas Türck war in den späten 1990er- und den frühen 2000er-Jahren ein bekannter TV-Moderator. Für den Sender ProSieben moderierte er jeden Nachmittag. Im August 2002 lernten er und ein Freund bei einem Barbesuch zwei Frauen kennen. Am Ende des Abends kam es zwischen Andreas Türck und einer der beiden Frauen zu einer körperlichen Begegnung, die von den beiden anderen aus einiger Entfernung gesehen wurde. Die Frau, die für den Abend die Begleitung von Andreas Türck war, gab später an, von ihm zu Oralverkehr gezwungen worden zu sein. Die Staatsanwaltschaft ermittelte von 2003 bis 2004. Vor Prozessbeginn wurde ein regionales Frankfurter Medium über die Ermittlungen informiert. Von da an rollte eine mediale Lawine über Andreas Türck hinweg. Der Sender ProSieben beurlaubte ihn noch am selben Tag. Laut Pressestimmen von damals würde Türck, egal wie das Urteil ausginge, wohl für immer einen Makel mit sich führen. Eine weitere TV-Karriere sei deshalb nicht mehr denkbar. Hier wurde ein Mensch öffentlich hingerichtet – ohne Beweise, lediglich aufgrund einer Behauptung.

Im September 2005 wurde Türck freigesprochen, unter anderem weil das mutmaßliche Opfer unter psychischen Störungen litt. Zwei Gutachten zogen die Aussagen der Frau in Zweifel. Die Karriere von Andreas Türck war zu dem Zeitpunkt bereits ruiniert. Erst im Dezember 2012 kehrte Andreas Türck wieder ins Fernsehen zurück.

Der Wetter-Moderator Jörg Kachelmann wurde im März 2010 wegen Verdachts auf Vergewaltigung und gefährlicher Körperverletzung angeklagt und inhaftiert. Seine ehemalige Geliebte hatte ihn angezeigt. In der Folge kam es zu einem bundesweit viel beachteten Prozess vor dem Landgericht Mannheim. In den Medien kamen verschiedene Gutachter zu Wort, die sich zur psychischen Gesundheit von vermeintlichem Opfer und vermeintlichem Täter äußerten. Im Verlauf des Prozesses verlangte der Anwalt von Kachelmann, die Redaktionen der Zeitschriften *Bunte* und *Focus* durchsuchen zu lassen, da er davon ausgehe, dass von dort aus Zeugen im Prozess gekauft würden.

Am Ende, am 31. Mai 2011, wurde Jörg Kachelmann aus Mangel an Beweisen freigesprochen. Seine Karriere als TV-Moderator war beendet, die Rechnungen der Anwälte kosteten ihn einen Großteil seines Vermögens.

Klaus Zumwinckel war der CEO der Post, als ihm im Februar 2008 Steuerhinterziehung in Höhe von einer Million Euro zur Last gelegt wurde. Der Topmanager war neben der Post auch bei den ehemaligen Staatsunternehmen Lufthansa und Telekom in Spitzenpositionen, sodass er in der deutschen Wirtschaft zu dieser Zeit eine gewichtige Stimme war. Klaus Zumwinckel wurde in Anwesenheit der Staatsanwältin in seinem Haus verhaftet und abgeführt. Journalisten warteten bereits vor dem Haus – es hatte einen Hinweis gegeben. Das Foto des entmachteten Topmanagers ging durch alle Medien. Die Unschuldsvermutung, die den Wirtschaftsmann hätte vor einer solchen Nachstellung schützen müssen, galt nicht. Bis heute ist nicht definitiv geklärt, ähnlich wie im Fall Türck, wer den Tipp an die Journalisten gegeben hatte.

Klaus Zumwinckel wurde der Steuerhinterziehung schuldig gesprochen und zu einer zweijährigen Strafe auf Bewährung und einer Zahlung von einer Million Euro verurteilt. Die Familie lebt heute eigenen Angaben zufolge nicht mehr in Deutschland. Es habe Drohungen bis hin zum Mord gegeben, so der ehemalige Post-Chef. Er habe seine Familie schützen müssen. Den Medien macht Klaus Zumwinckel schwere Vorwürfe.

Im März 2013 erschien unter der Überschrift »Der Herrenwitz« ein Artikel, in dem die Autorin dem FDP-Spitzenpolitiker Rainer Brüderle vorwarf, sie sexuell belästigt zu haben. Der Artikel erschien rund ein Jahr, nachdem die fragliche Begegnung zwischen den beiden stattgefunden hatte, und nur wenige Tage, nachdem Rainer Brüderle zum Spitzenkandidaten der Liberalen für die Bundestagswahl 2013 gewählt wurde. Die Motive des *Stern*, den fraglichen Bericht gerade zu diesem Zeitpunkt zu lancieren, wurden, auch von anderen Medienmachern, kritisiert. Online erschien beim *Stern* ein Vorbericht unter der Überschrift »Der spitze Kandidat«, was den Verdacht erhärtete, dass die Publikation politisch motiviert gewesen sei. Infolge des Berichts entstand eine Bewegung, vor allem im sozialen Netzwerk Twitter unter der Begriff #aufschrei, in der

Frauen über die Belästigungen berichteten, denen sie von Männern täglich ausgesetzt seien.

Der Skandal wurde in allen nationalen Medien und TV-Talkshows diskutiert und auch international, von der *New York Times*, aufgegriffen. Im April 2014 kam ein Buch von Rainer Brüderle heraus mit dem Titel *Jetzt rede ich!* Darin berichtet der Politiker, der nach der für die FDP verlorenen Bundestagswahl zurücktrat, aus seiner Sicht von der Zeit.

Uli Hoeneß gilt als der Macher des FC Bayern München. Der Topmanager und ehemalige Fußballprofi ist in der Öffentlichkeit bekannt für sein soziales Engagement. Im Januar 2013 zeigte er sich selbst bei der Staatsanwaltschaft Rosenheim wegen Steuerhinterziehung an, nachdem das Magazin *Stern* begonnen hatte, in seiner Bank nach einem prominenten Steuerhinterzieher aus dem Sportbereich zu recherchieren. Deutschland und die Schweiz hatten im zeitlichen Umfeld vor der Selbstanzeige über ein Steuerabkommen verhandelt, das es Hoeneß ermöglicht hätte, anonym seine Steuerschuld einzugestehen und nachzuzahlen. Dieses Steuerabkommen scheiterte an der SPD und den Grünen im Bundesrat. Ende Januar nahm die Staatsanwaltschaft Ermittlungen auf, im März wurde das Haus der Familie Hoeneß am Tegernsee durchsucht.

Konkret ging es um ein Konto in der Schweiz, für das Hoeneß keine Kapitalertragsteuer an den deutschen Fiskus abgeführt hatte. Geld machte der Bayern-Manager vor allem mit, teilweise wilden, Devisengeschäften. Das nötige Kapital dafür hatte er unter anderem von Robert Louis-Dreyfeus, dem früheren Adidas-Chef, bekommen. In der Öffentlichkeit wurde vor allem die Steuerhinterziehung diskutiert. Auch die Möglichkeit, Hoeneß habe unter einer Form der Spielsucht gelitten, wurde besprochen.

Nachdem die Ermittlungen gegen Hoeneß öffentlich wurden, brach eine öffentliche Lawine los. Selbst die Kanzerlin Angela Merkel ließ über ihren Sprecher Steffen Seibert ausrichten, dass auch sie zu den von Hoeneß enttäuschten Menschen im Land gehöre.

Uli Hoeneß wurde am vierten Prozesstag der Steuerhinterziehung in sieben Fällen, in den Jahren 2003 bis 2009, schuldig gesprochen und zu drei Jahren und sechs Monaten Haft sowie einer Zahlung in Höhe von 28,5 Millionen Euro verurteilt. Er ging nicht in die Revision und nannte die Steuerhinterziehung den »Fehler meines Lebens«.

Karl-Theodor zu Guttenberg hatte eine Blitzkarriere vom CSU-Generalsekretär zum Bundesverteidigungsminister gemacht, als die *Süddeutsche Zeitung* im Februar 2011 unter Berufung auf einen Bremer Jura-Professor über dessen Vermutung berichtete, die Doktorarbeit des Freiherrn sei ein Plagiat. Der CSU-Politiker räumte Fehler beim Zitieren in seiner Arbeit ein, die Vorwürfe, ein Plagiat eingereicht zu haben, wies er jedoch zurück. Die Uni Bayreuth, an der zu Guttenberg promoviert hatte, kündigte an, die Vorwürfe zu prüfen. Guttenberg ließ bis zum Ende dieser Klärung seinen Doktortitel ruhen. Die Untersuchung der Arbeit führte zur Auffindung von mehr Plagiaten als ursprünglich vermutet. Der Druck auf den Politiker wuchs. Er wurde auch im Deutschen Bundestag zu der Causa befragt. Im Februar 2011 wurde ihm der Titel aberkannt, die Opposition forderte seinen Rücktritt, den zu Guttenberg aber ablehnte.

Als Verteidigungsminister war zu Guttenberg auch für zwei Bundeswehruniversitäten zuständig. 30 000 Akademikerinnen und Akademiker schrieben Ende Februar an Kanzlerin Angela Merkel einen Brief, in dem sie gegen den Politiker protestierten. Am 1. März trat Karl-Theodor zu Guttenberg zurück. Vor der Plagiatsaffäre war zu Guttenberg der Liebling der deutschen Medien. Nicht wenige Journalistinnen und Journalisten sahen in ihm die Verkörperung eines neuen Typus Politiker.

Mit einem günstigen Privatkredit für ein Haus begann im Oktober 2008 die Affäre, die im Jahr 2012 zum Rücktritt von Christian Wulff vom Amt des Bundespräsidenten führte. Nach der Trennung von seiner ersten Frau nahm der Politiker einen Privatkredit von einem vermögenden Freund der Familie auf. Im niedersächsischen Landtag sprach er in einer Befragung im Februar 2010 nicht von diesem Kredit. Im Dezember 2011 berichtete die *BILD* erstmals von dem Hauskredit an Wulff. Der Bundespräsident wollte sich gegen die aus seiner Sicht ungebührliche Berichterstattung und die Recherchemöglichkeiten der *BILD* bei ihrem Chefredakteur Kai Diekmann beschweren und hinterließ eine Nachricht auf dessen Mailbox. Der öffentliche Druck auf den Präsidenten wuchs nach diesem Ereignis. Am 17. Februar 2012 erklärte Christian Wulff seinen Rücktritt vom Amt des Bundespräsidenten. Anfang März untersuchte die Staatsanwaltschaft das Haus in Hannover. Es kam zu einem Verfahren, in dem erst Vorteilsnahme, später Bestechlichkeit und am Ende wieder Vorteilsnahme im Raume standen. Zentral waren hierbei der ehemalige Sprecher von Christian Wulff, Olaf Glaeseker, der Partyveranstalter Manfred Schmidt und der Filmproduzent David Groenewald. Im August 2013 eröffnete die Staatsanwaltschaft Hannover das Hauptverfahren gegen Wulff, das am 27. Februar 2014 mit einem Freispruch endete. Keiner der Vorwürfe, die gegen Christian Wulff erhoben wurden, wurde vor Gericht bestätigt.

Im Jahr 1980 reichte die spätere CDU-Bundeswissenschaftsministerin Annette Schavan ihre Doktorarbeit ein. Im April 2012 berichtete der Blog schavanplag von Plagiaten in dieser Dissertation. Die Politikerin wies die Vorwürfe zurück. In den folgenden Monaten kam es zu einem Hin und Her zwischen Schavan und der Universität, die eine Prüfungskommission beauftragte, über die Vorwürfe zu befinden und gegebenenfalls eine Aberkennung der Doktorwürde in die Wege zu leiten. Am Ende verlor Annette Schavan ihren Titel und trat im Februar 2013 von ihrem Amt zurück.

VON KLEINEN GEISTERN UND GROSSEN IDEEN

»Kleingeister sprechen über Menschen, mittelmäßige Leute über Ereignisse, große Geister hingegen über Ideen.« Dieses Zitat wird Eleanor Roosevelt, der Frau des 32. Präsidenten der Vereinigten Staaten von Amerika, Franklin D. Roosevelt, zugeschrieben. Sie hatte sicher häufig Gelegenheit, bei diversen Festlichkeiten und offiziellen Anlässen in Washington, D. C., und anderswo die verschiedenen und divergierenden Grade von Konversationstauglichkeit zu studieren.

Um zu verstehen, was sie damit meint, muss man keine Präsidentengattin sein. Jedes gesprochene Wort am Gartenzaun kann, unachtsam geäußert, Konflikte in der Nachbarschaft heraufbeschwören, die nur noch von nationalen Krisen und ihren Auswirkungen übertroffen werden können. Konversationsfähigkeit ist auch beim Zusammenkommen der Familie gefragt. Worüber reden wir heute? Hier ist der Austausch über die großen Ideen nicht sehr gefragt. Der Prophet, so wissen wir, gilt nichts im eigenen Land. Die politischen Ideen der Onkel und Großväter sind hinlänglich in der Familie bekannt. Man tut alles, um sie weder ein hundertstes Mal hören, geschweige denn, sie ein weiteres Mal diskutieren zu müssen. Bleibt da noch mehr als das Kreisen um die unverfänglichen Dinge: der letzte Urlaub, das neue Auto, der kleine Zwist neulich in der Bäckerei?

Konversationsfähigkeit heißt im politischen Berlin – und sicher auch auf den anderen Bühnen dieses Landes – Small Talk, das kleine Gespräch. Das betrifft nicht den Umfang allein, sondern auch die Themen: Alles ist bei dieser Gesprächsgattung eine Miniatur. Der Anklang an die *small minds* aus dem vermeintlichen Roosevelt-Zitat summt im Ohr eine kleine Melodei. Bei den ganz wichtigen Empfängen, bei denen sich die politische Prominenz die Klinke in die Hand gibt oder Stars und Sternchen im Blitzlichtgewitter über den roten Teppich flanieren, ist immer besondere Vorsicht geboten: Der Feind hört mit. Jede Aussage kann zu einem Politikum werden – meinen viele der Veranstaltungsteilnehmer. Gleichzeitig möchte man das gute Glas Wein mit dem Mitbewerber aus einer anderen politischen Partei oder von einem anderen Premium-Automobilhersteller nicht durch ein ausgefallenes Thema wie den letzten Besuch im Darkroom des Clubs Berghain überstrapazieren. Es gilt, den Ball flach zu halten und die Sätze mit »Ich habe gehört« oder »Haben Sie auch gehört« zu beginnen.

Nichts anderes passiert in den sozialen Medien. In den seltensten Fällen stehen die großen, neuen Ideen im Mittelpunkt der Betrachtung auf Facebook. Stattdessen ist es ein Foto aus dem Urlaub, den man gerade verlebt, die jüngste Ablichtung des perfekten Nachwuchses oder, auch gern genommen, niedliche Tierfotos. Das Unverfängliche bekommt tausende Klicks, die gut geschriebene Analyse, die den Konflikt in der zentralafrikanischen Republik beschreibt, bleibt hingegen etwas für »Like«-Button-Feinschmecker.

Gesprochen wird über Menschen – was sie anhaben, was sie denken, welche Affären sie haben, was sie darstellen. Beim Sprechen über andere Menschen spricht man immer auch über sich selbst, denn das Sprechen über andere findet in sozialen Bezügen statt. Diese Bezüge bezeichnen das Verhältnis der Menschen zueinander, meistens gedacht in einer Hierarchie. Es interessiert weniger, was die eigene Putzfrau denkt, als die Haltung des eigenen Chefs. Was mein Chef über mich denkt, ist wichtiger als das, was meine Hygienetechnikerin von mir hält.

Die Ereignisse, von denen Frau Roosevelt spricht, sind heute meist Medienereignisse, wie die Fußball-WM oder die Olympischen Spiele, oder politische Ereignisse, wie die Krim-Krise. Diese Ereignisse werden in der Öffentlichkeit diskutiert, einer Öffentlichkeit, die medial vermittelt ist. Die Medien machen die Ereignisse zugänglich; über sie kann jeder nachrichtlich informiert sein, der ein Smartphone besitzt oder einen Fernseher zu Hause hat.

Eine große Idee hat immer nur einer oder eine. Sie hat nicht den sozialen Kontext, den Ereignisse oder Personen haben. Die Debatte über eine Idee verlangt Kenntnisse und die Bereitschaft, sich einer intellektuellen Auseinandersetzung zu stellen. Was ist der Unterschied in der Beschäftigung mit Personen und mit Ideen? Bei Ideen ist ein sozialer Abstieg nicht möglich. Medial vermittelt stehen uns große Erfinder- oder Unternehmerpersönlichkeiten vor Augen, etwa ein Bill Gates oder ein Richard Branson. Ihre kleinen Geschwister mögen in unseren Vorstadtgaragen gerade am Tüfteln sein, noch sind sie unbekannt. Wir empfinden den Reichtum, der großen Erfindern oder Unternehmern aus ihren Ideen erwachsen ist, als obszön. Wir klagen lieber darüber, dass diese Menschen so reich sind, als uns selbst als Reservoir guter Ideen zu betrachten.

Ob am Gartenzaun, im Reichstag, auf der Berlinale oder auf Facebook: Das soziale Vergleichen ist der Treiber unserer Interaktion. Das ist die dritte Konstante unseres Lebens, die wir festhalten können – neben der Tatsache, dass das Zusammen von Können und Glück nicht machbar ist und dass der Mensch zugleich Gutes will und es nicht immer tun kann. Diese drei Parameter rahmen unser gesamtes Leben ein: unsere Begabungen und den sozialen Kontext, in dem wir sie entwickeln und fortschreiben. Unser Weltbild hängt davon ab, ob wir uns als Begünstigte der äußeren Umstände begreifen oder nicht.

Ebenso wie das Glück ist der soziale Bezug, in den man geboren wird, schicksalhaft. Wir werden als Kinder von diesen oder jenen Eltern geboren oder aufgezogen. Damit ist in den meisten Fällen schon vorhersehbar, welche schulische Laufbahn wir einschlagen, wie viel Geld wir einmal verdienen und wo wir auf der sozialen Leiter der Gesellschaft unseren Platz einnehmen werden. Um diesem Geschick zu entkommen, braucht es die Einsicht in diesen Zusammenhang sowie die Bereitschaft, sich diesem übermächtig scheinenden Zusammenhang entziehen zu wollen. Es braucht den Blick auf andere soziale Zusammenhänge, deren Regeln man nicht kennt und aus denen, vor allem, in der direkten Anschauung kein Vorbild zur Verfügung steht. Die Vorbilder, die einem den

Weg aus dem konkreten, aktuellen sozialen Bezug weisen können, werden als Idealtypen medial vermittelt. Dieser oder jene hat es aus bescheidenen Verhältnissen nach ganz oben geschafft. Wir haben Topoi des sozialen Aufstiegs vor uns: Gerhard Schröder und Christian Wulff verbindet, dass sie unter schwierigen familiären Voraussetzungen ihren Weg als Politiker beschritten haben. Oft gilt in der Legende des Lebens derer, die es nach »da oben« geschafft haben, das Unwegsame als die Herausforderung, die sie heldenhaft gemeistert haben. Die Ähnlichkeit mit den Helden der Vergangenheit, die, wie Odysseus und Don Quijote, Rätsel lösen und Schwierigkeiten überwinden mussten, klingt dabei an.

Nun vergessen wir häufig, dass die Beschreibungen des Lebens unserer Prominenten idealtypische sind. Ihr Leben ist nicht so gewesen, es wird nur so beschrieben. Der soziale Abgleich gerät hier in eine Schieflage und legt gleichzeitig die Messlatte an, wie wir uns konkret mit Menschen vergleichen, die wir nicht aus der Öffentlichkeit kennen, sondern mit denen wir zusammenleben. Wir leben in der Spannung des ständigen sozialen Vergleichs, wenn wir den Fernseher anschalten oder auf die Straße gehen.

Das Internet und die sozialen Medien haben an der Stelle nur beschleunigt, was es zuvor schon gegeben hat, und zwar in zweifacher Hinsicht: Zum einen äußert man sich schneller und beachtet die möglichen Konsequenzen nicht. Zum anderen haben die sozialen Medien die Modalitäten der Selbstinszenierung deutlich verändert. Man kann heute ein Image anders kreieren als früher und einen auf diese Weise geschaffenen Status auch schneller wieder verlieren.

Für die Gesellschaft bedeutet das: Die Urlaubsfotos auf Facebook sind gute Indikatoren für die eigene Inszenierung: Es findet ein Wettrennen darum statt, wer am prächtigsten zeigen kann, dass er häufig im Urlaub ist, und dann, im nächsten Schritt fächert es sich auf, welche Art von Urlauber er oder sie ist – der Abenteuer-Typ, der dann Fotos von schier verlassenen Stränden und einsamen Berghöhen postet, oder der Luxus-Typ, der in einem Bombenhotel in Eselsmilch badet und dabei Champagner schlürft. Auf Facebook sind wir mit den Nachbarn ebenso verbunden wie mit den Prominenten, deren Neuigkeiten wir als Fan abonniert haben. Noch nie waren medial vermittelt »die da oben« und die neben beziehungsweise mit mir, so nah beieinander. Der Facebook-Feed eines Schauspielers sieht nicht anders aus als der eines Klassenkameraden. Es wird soziale Nähe suggeriert, die es nicht gibt. Der Druck auf den Einzelnen, sein Leben zwischen dem des Klassenkameraden und dem des Schauspielers einzupendeln, ist immens.

Egal ob Luxus- oder Abenteuerurlaub: Jede Variante soll zeigen, dass man individuell ist, dass man sich dem sozialen Vergleich aufgrund einer bestimmten Form von Neugier (Abenteuerurlaub) oder Geschmack (Luxusurlaub) entzieht. Der soziale Vergleich wird nun zum absoluten Stress. Am Ende, das wissen wir, kann es nicht sieben Milliarden Varianten geben, einen ganz ausgefallenen, besonderen Urlaub zu erleben. Das Gleiche gilt für Kleidung, Autos und Einrichtung. Der soziale Vergleich hat in der Nachbarschaft schon häufig genug für Reizbarkeit gesorgt, das Internet verstärkt den natürlichen Hang des Menschen zur Unterscheidung noch einmal.

Nun ist der Mensch ein soziales Lebewesen – auch und gerade in der Positionierung des Einzelnen gegenüber den anderen Mitgliedern der Gemeinschaft, in der er lebt. Er gruppiert sich daher mit Menschen in Milieus oder gesellschaftlichen Gruppen, mit denen er glaubt, Schnittmengen zu haben. Die Binnendifferenzierung innerhalb einer solchen Gruppe ist spannend, die Positionierung gegenüber denen da draußen funktioniert nach einem »die« und »wir«. Auf diese Weise entsteht die Identität, die sich in dem Wissen ausprägt, dass man in dem, wie man ist, nicht allein ist. Wir können, bei allem Wunsch nach Individualität, nicht ohne soziale Bestätigung leben. Sie ist der Gegenspieler zur sozialen Abgrenzung. Wir möchten Solitäre sein und brauchen im Solitärsein die Bestätigung einer Gruppe.

Was das für die Mittelschicht bedeutet, ist klar und spannungsreich: Wir möchten uns differenzieren von dem, was unser Nachbar trägt und fährt. Wir möchten aber auch wissen, dass wir mit dem, was wir tragen und fahren, noch sozial vermittelbar und anschlussfähig zu dem sind, was unsere Nachbarn an Kleidung tragen und an Autos fahren.

Die soziale Bestätigung erschöpft sich nicht in Äußerlichkeiten wie Mode und Automobil. Es geht auch um Überzeugungen und Werturteile. Die Parteien, die man wählt, die Mitgliedschaft in der Kirche, das Engagement im Verein. Was man tun muss und was zu unterlassen ist, wird in dieser Gruppe, der Mittelschicht, festgelegt, und ein Verstoß wird geahndet.

Die Mittelschicht ist vielfältig, der Vergleich von Facharbeiter und Facharzt hat das bereits gezeigt.

Vereint sind alle Mitglieder der Mittelschicht in ihrer Orientierung nach oben, mit der eine Angst vor dem sozialen Abstieg korrespondiert. Diese Angst wird ebenso wie das Fortkommen an den Beispielen und Lebensmodellen der direkten Umgebung gemessen. In der Öffentlichkeit, der medial vermittelten, finden sich die Angehörigen der Mittelschicht allerhöchstens dann wieder, wenn einer ihrer Vertreter in einer Talkshow auf dem Betroffenen-Sofa Platz nehmen und seinen Fall schildern darf. Die Mittelschicht findet deshalb keine Vorbilder in der Öffentlichkeit. »Die da oben« scheinen sich in Einkommen, Lebenswandel und den Problemen, die sie plagen, deutlich von den Menschen vor den Fernsehern und Bildschirmen zu unterscheiden.

Die Angst, da draußen keine Entsprechung zu finden, nicht mehr vorzukommen, führt dazu, dass sich die größte Gruppe der Gesellschaft nicht mehr ausreichend repräsentiert sieht und sich daher noch enger aneinander bindet. Das »Man wird doch wohl noch sagen dürfen« resultiert in vielen Fällen daraus, dass man seine eigenen Interessen in der medialen Öffentlichkeit nicht mehr gespiegelt sieht. Ein gutes Beispiel ist die Diskussion um homosexuelle Partnerschaften. Viele Angehörige der Mittelschicht, die in einer klassischen Ehe zusammenleben, finden sich und ihre Lebensumstände in der Beschäftigung der Öffentlichkeit mit dem Thema nicht wieder. Sie finden Homosexualität über- und ihren Lebensentwurf unterrepräsentiert. Das ist nur ein Beispiel, wo sich »die da oben« und der normale Angehörige der Mittelschicht voneinander wegbewegen. Umso mehr ist ein Aus- und ein Aufbruch aus dem gewohnten sozialen Rahmen gewagt, wenn nicht sogar sozial verpönt.

Eliten sind in Misskredit geraten, und von dem Fresko an der Decke unserer Gesellschaft platzt die Farbe ab. Unser Umgang mit den Prominenten, den Helden unserer Zeit, ist ein Bildersturm. Die Decken werden übertüncht. An die Stelle der überhöhten Gemeinschaft der Prominenten, die ihre historische Entsprechung in den Deckengemälden hat, die die Gemeinschaft der Heiligen oder die Versammlung der Philosophen zeigt, tritt eine Farbfläche. Das immer Gleiche wird favorisiert. Gesellschaft und Öffentlichkeit haben keine Bindeglieder mehr, die aufgrund ihres Lebens vermitteln und Vorbild sein können.

Mancher Angehörige der Mittelschicht befindet sich dauerhaft in einem schizophrenen Zustand: Zum einen lebt er im Schutz der Gruppe, die ihn als Gleichen unter Gleichen behandelt. Zum anderen möchte er sein Können in einer Weise nutzen, die ihn aus dem Kreis seiner sozialen Umgebung exponiert. Wer diesen Schritt wagt, der lebt unter dauerhafter Beobachtung. Er oder sie ist die Gegenreformation, die an die bunten Deckenbilder glaubt.

Wir wissen: Auch wenn die Heiligenbilder zertrümmert und verbrannt und die Halle der Öffentlichkeit, unsere Kathedrale, von allen Bildnissen geräumt ist, zu Hause lebt der alte Glaube dennoch fort. Das Wissen um die großen Geschichten von der Ungleichheit, die am Ende einen Vorteil für alle bringt. Die Erzählungen von den Helden und einer besseren Welt. Wir wollen Vorbilder und brauchen sie. In der gegenwärtigen Situation hat es jeder schwer, der sich dazu öffentlich bekennt.

Wir verfolgen also gebannt den Aufstieg Einzelner, um dann, sollten sie es nicht schaffen, »da oben« zu bleiben, ihren Abstieg mit Sätzen zu sekundieren wie »Das war absehbar!«, »Das habe ich schon immer gewusst!«

In der Zeit des Aufstiegs hat ein Aufsteigender viele Freunde. Er ist bei Veranstaltungen immer von einer Menschentraube umgeben, deren Mitglieder sich mit gut gemeinten Äußerungen seine Aufmerksamkeit und sein Wohlwollen sichern möchten. Das sind allerdings dieselben Personen, die wenig später und etwas abseits beisammenstehen, um über den »da oben« den Stab zu brechen: »War das wirklich ein politischer Erfolg für ihn?«, »Ich habe gehört, dass es bei ihr beruflich nicht gut läuft«.

Und so keimt der Neid auf auf die, die es gewagt haben, auszuziehen, etwas zu unternehmen, die aus der Deckung gekommen sind. Das kann einen Unternehmer am Ort treffen, damit kann ein Politiker gemeint sein. Wer den gleichmachenden Schutz der Gruppe verlässt, der erntet dafür immer beides zur selben Zeit: Anerkennung und Neid. Nur so lässt sich erklären, warum nicht nur in der Passion des Herrn das »Hosianna« und das »Kreuzige ihn« so nahe beieinander liegen.

Unser ungeklärtes, unser zwittriges Verhältnis zu Helden zu denen »da oben« ist der Ausgangspunkt für unseren gesellschaftlichen Verfall. Wenn von unten keine Vorbilder mehr da oben installiert werden können, wenn Erfolg negativ gesehen wird, dann sind wir voll Häme, wenn unsere Prominenten abstürzen, wenn unsere Nachbarn abstürzen.

DIE ÖFFENTLICHKEIT

Elias Canetti beschreibt in seinem Werk *Masse und Macht* die Mechanismen, nach denen moderne Gesellschaften funktionieren. Eine Masse Menschen wird durch ein gemeinsames Ziel zusammengehalten. Dieses Ziel liegt bei den Religionen in einem Jenseits. Zivile, säkulare Gesellschaften schaffen sich hingegen die Ziele selbst, auf die hin sie leben möchten.

Die Masse bei Canetti muss man sich als warmen Ort vorstellen. Hier ist die Physik am Werk. Viele Körper sind nah beieinander, man reibt und schiebt sich. Wärme entsteht, Hitze. Alles fiebert auf den Moment der Entladung hin. Eine Entladung kann beispielsweise das Tor der Fußballmannschaft sein, die man im Fanblock anfeuert, oder eine religiöse Entladung wie beim Empfang der Eucharistie. Die Entladung ist der Moment der Selbstvergewisserung. Canetti schreibt: »Der wichtigste Vorgang, der sich innerhalb der Masse abspielt, ist die Entladung. Vorher besteht die Masse eigentlich nicht, die Entladung macht sie erst wirklich aus. Sie ist der Augenblick, in dem alle, die zu ihr gehören, ihre Verschiedenheiten loswerden und sich als gleiche fühlen.«[1] Die Entladung ist wichtig für die Identität derer, die sich entladen.

Aus der Masse erwächst die Öffentlichkeit. Anders als die Masse muss die Öffentlichkeit nicht physisch beieinander sein, um sich zu erregen, sich warm zu laufen und sich zu entladen. Die Masse bei Canetti, deren Erfahrungen er aus den Frühformen menschlichen Zusammenlebens rekonstruiert, muss noch, anders als wir heute, ohne eine Öffentlichkeit auskommen, die für Masse steht und sie transzendiert.

Öffentlichkeit ist eine virtuelle Größe, die medial hergestellt wird. Die Medien verdeutlichen dem Einzelnen, dass er zu einer großen Gruppe gehört. Die Gruppe ist die Masse, die Öffentlichkeit ist der virtuelle Raum, über den die Angehörigen der Gruppe erfahren, dass sie zu dieser Masse gehören. Öffentlichkeit und Gesellschaft stehen in Wechselwirkung. Die Entladung der Öffentlichkeit ist die Entladung der Gesellschaft. Gibt es diese Entsprechung nicht mehr, ist der Zusammenhalt in der Gesellschaft gefährdet. Im Falle des Bundespräsidenten Christian Wulff, der von der Öffentlichkeit, von den Medien, sehr hart angefasst wurde, trat das zutage. Viele Menschen haben sich in dem Vorgehen gegen Wulff, das ihnen medial vermittelt wurde, nicht wiedergefunden. In Zuschriften ermutigten sie das Staatsoberhaupt, im Amt zu bleiben.

Im idealen Fall entsprechen sich die Entladungen in der Öffentlichkeit und in der Gesellschaft. Die Empörung über einen verschossenen Elfmeter im Stadion gleicht der Empörung der Öffentlichkeit, die das Ereignis am Fernseher verfolgt oder später davon liest. Öffentlichkeit und Gesellschaft stiften beide *communio*, Gemeinschaft. Das Erleben der Gemeinschaft ist das verbindende Element der Öffentlichkeit. Ähnlich wie die christliche Gemeinde, die sich um den Tisch des Herrn versammelt, gruppiert sich die säkulare Gemeinschaft um eine Mitte. Diese *communio* ist im Regelfall das Bindeglied zwischen Gesellschaft und Öffentlichkeit. Empört wird sich über die Abweichung von den Regeln der Gesellschaft.

Diese Überzeugungen und Werturteile sind die Mitte der Gemeinschaft. Sie werden von der Gemeinschaft gepflegt, verehrt und erhalten. Wer näher an dieser Mitte sitzt, ist ein Bewahrer, wer sich weiter weg von dieser Mitte befindet, ein Innovator. Aber niemand kann sich der Kraft dieser Mitte entziehen.

Die Überzeugungen einer Gemeinschaft orientieren sich an den Überzeugungen der Mehrheit, die diese Gemeinschaft dominiert. In Deutschland sind das die Überzeugungen der Mittelschicht. Gut befunden werden alle Tugenden und Eigenschaften, die der Gleichheit der Gemeinschaftsglieder gut tun. Zum Beispiel: Alle zahlen Steuern, sodass am Ende die Gemeinschaft davon profitiert. Es werden Schulen gebaut und Straßen instand gehalten. Oder: Alle halten sich an die Verkehrsregeln, denn das ist fair. Wenn man sich nicht an diese Regeln hielte, versänke die Gemeinschaft in Chaos und Anarchie.

Zu den praktischen Grundüberzeugungen (beispielsweise: Steuern sind zu zahlen) gesellen sich Haltungen und Mentalitäten, Systeme von Belohnen und Bestrafen. Diese Mechanismen gibt es in allen Gesellschaften. Die Gesellschaften, die über eine medial vermittelte Öffentlichkeit verfügen, haben andere Möglichkeit zu belohnen und zu bestrafen, als jene ohne sie.

Was die Sanktionen angeht, so ist der Pranger der

Ort, an dem öffentlich angeklagt und sanktioniert wird. Am Pranger, wie wir ihn aus der Vergangenheit kennen, dem Pranger der Masse, wird der Büßende für eine bestimmte Zeit mit faulem Obst und Gemüse beworfen. Am Pranger der Öffentlichkeit geht es hingegen um die nackte Existenz.

Canetti schreibt, dass die größte Form der Macht für unsere Vorfahren die war, eine erlegte Beute zu verzehren: sie mit den Zähnen zu zermalmen, ins Körperinnere aufzunehmen, wo sie, die Beute, als Nährstofflieferant dient, bis die Reste, nichtswürdig, ausgeschieden werden. Die Parallele ist augenfällig: Auch die Öffentlichkeit frisst, zermalmt und scheidet aus. Sie ist der grausame Wiedergänger unserer jagenden Urahnen.

DIE EMPÖRUNG

Ebenso wie die Masse, so ist auch die Öffentlichkeit an sich träge. Um beide in Bewegung zu versetzen, bedarf es bestimmter Umstände. Wenn sich die Masse in Bewegung setzt, heißt das Revolution. Das gilt für Frankreich 1789 genauso wie für die Jasmin-Revolution im Jahr 2011. In beiden Fällen waren steigende Brot- beziehungsweise Lebensmittelpreise der Anlass für die Massenbewegung.

Die Mobilisierung der Öffentlichkeit funktioniert bei uns zurzeit nur über die Empörung – die Empörung über das Handeln von Personen. Die Empörung über schlechte Ideen oder aus dem Ruder gelaufene Konzepte hingegen versandet recht schnell. Die Bewegung »Occupy Wallstreet« hat es nicht geschafft, die Öffentlichkeit so zu mobilisieren, dass sich Veränderungen ergeben hätten. Dabei waren die Anliegen berechtigt und durch Zahlen belegt. »Wir sind die 99 Prozent« stand auf den Transparenten der Demonstranten. Gemeint war damit, dass 1 Prozent der Amerikaner rund 42 Prozent der Finanzmittel des Landes besitzen. Gleichzeitig schwindet in dem Land die Mittelschicht. Ökonomisch betrachtet zählt ein Drittel der US-Amerikaner überhaupt nicht mehr. Sie sind nicht mehr da.

Dennoch gab es keine Massendemonstrationen. Die Zeltstädte der Occupy-Bewegung, beispielsweise in Frankfurt vor der EZB und in London vor der St.-Paul's-Kathedrale, wurden in wenigen Wochen zu eigentümlichen Zeugen eines verunglückten Protests. Einmal mehr stimmt das vermeintliche Zitat von Eleanor Roosevelt. Denn die Ideen, die Globalisierungs- und Kapitalismuskritiker entwickeln und im Diskurs teilen und schärfen wollen, verpuffen angesichts einer Öffentlichkeit, die lieber wochenlang über Tattoos von Z-Promis diskutiert oder sich beim Betrachten des Dschungelcamps selbst sediert.

Noch nicht einmal die Ereignisse, die zu dem Protest geführt hatten, wurden ausreichend beleuchtet und analysiert. Das Ergebnis, das nüchtern zu konstatieren ist: Empört wird sich nur über Menschen. Nur das Verhalten beziehungsweise Fehlverhalten bestimmter Menschen kann die Öffentlichkeit zusammenführen. Das müssen nicht mal Menschen sein, die selbst der Diskursgemeinschaft angehören, die sich über sie empört. In der Krim-Krise richtet sich die Empörung gegen Russlands Machthaber Putin, in Sachen Guantanamo gegen den US-Präsidenten Barack Obama.

Die gegelten Haare eines deutschen adeligen Verteidigungsministers werden wochenlang diskutiert. Über sie werden dem Träger der Haare bestimmte Eigenschaften (Schneidigkeit) angeheftet, was völlig sinnfrei und ohne inneren Zusammenhang ist. Die Kinderanzahl einer Familienministerin wird diskutiert und ihre Politik deshalb desavouiert, weil sie sich bestimmt für ihre sieben Blagen ein Kindermädchen hat leisten können. Die Bedingungen der Möglichkeit des Kinderbetreuungsplatzangebots werden dabei ebenso wenig diskutiert wie die Sinnhaftigkeit des Bundeswehreinsatzes am Hindukusch.

Dabei soll aus der Empörung Widerstand erwachsen, der in politisches Dissidententum mündet, das wiederum die herrschenden Umstände umstürzt. Der französische Philosoph Stéphane Hessel beschrieb das in seinem Bestseller *Empört Euch!*, der offenkundig von den meisten, die ihn gekauft haben, entweder nicht gelesen oder nicht verstanden wurde, so: »Mischt euch ein, empört euch! Die Verantwortlichen in Politik und Wirtschaft, die Intellektuellen, die ganze Gesellschaft dürfen sich nicht kleinmachen und kleinkriegen lassen von der internationalen Diktatur der Finanzmärkte, die es so weit gebracht haben, Frieden und Demokratie zu gefährden.«[2] In diesem Szenario, in dem Hessel speziell die Jugend adressiert, folgt aus der Empörung Wandel. Empörung als Aufbegehren gegen die herrschenden Umstände. Wir begehren nicht gegen die herrschenden Umstände auf, weil wir sie nicht verstehen. Wir erklären uns selbst zum Spielball der Interessen derer »da oben«. In dem Maße, in dem wir auf eigene Kreativität verzichten, machen wir von unserer eigenen Freiheit keinen Gebrauch. Wer sich selbst nicht einbringt, der gestaltet nicht. Wer nicht gestaltet, der wird gestaltet. Am Ende erwächst aus der Angst vor der Häme des Nachbarn eine Lähmung. Eine Lähmung, die in Angst mündet, nur noch behandelt zu werden und nicht mehr handeln zu können. Nur aus dieser Angst lässt sich die Heftigkeit der Empörung heute erklären.

Wenn sich die Öffentlichkeit heute empört, dann begehrt der Mob auf, vulgär und obszön. Ob bei Christian Wulff oder Uli Hoeneß: Einmal von der Leine gelassen, wird kein Pardon mehr gegeben. Endlich sich empören dürfen! Das Gefühl der persönlichen Ohnmacht paart sich mit dem Gefühl, in der Öffentlichkeit nicht mehr vorzukommen. Zweimal abgehängt ist doppeltes Prekariat. Und dabei weiß man doch beim Blick die eigene Straße hinauf oder hinunter, dass man eigentlich nicht allein ist. Eigentlich sind wir doch viele. Nur warm ist es nicht mehr. Wärme ist aber die Grundvoraussetzung für Masse und ihre Entladung.

SÜNDE UND VERGEBUNG

Der Apostel Paulus schreibt: »Wo die Sünde mächtig ist, da ist die Gnade übergroß geworden« (Röm. 5,20). Dem Bekenntnis der Sünden folgt in der Beichte die Vergebung. Der Begriff der Sünde ist heute nicht mehr geläufig. Nennen wir Sünde für den heutigen Sprachgebrauch Scheitern. Das Scheitern gehört zu den Erfahrungen jedes Menschen. Das ist die vierte Grundkonstante unseres Lebens, der wir uns stellen müssen. Eine absolute Sicherheit wird es bei dem, was wir tun, nicht geben. Die Freiheit des Menschen erschöpft sich nicht in dem theoretischen Wissen darum, Handlungsoptionen zu haben, sondern sie zeichnet sich dadurch aus, dass er eine der Optionen wählt.

Die biblischen Schöpfungserzählungen verquicken die Erfahrung des Scheiterns mit dem Anfang der menschlichen Existenz. Wer scheitert, wird schuldig. In der biblischen Schöpfungstradition wird der Mensch Gott gegenüber schuldig, indem er sein Gebot übertritt. Er wird gegenüber seinem Mitmenschen schuldig, indem er ihn zum Übertritt des Gebots anstiftet. Er wird gegenüber der Natur schuldig, denn sein Verstoß trifft mit ihm die gesamte Schöpfung: Nach dem sogenannten Sündenfall ist die ganze Ordnung der Welt dem Kreislauf von Werden und Vergehen, Leben und Tod, unterworfen. Deswegen schreibt Paulus im Brief an die Römer. »Durch einen einzigen Menschen kam die Sünde in die Welt und durch die Sünde der Tod, und auf diese Weise gelangte der Tod zu allen Menschen« (Röm. 5,12).

Das Schuldgefühl ist der bedeutendste Treibstoff der menschlichen Gemeinschaft. Das gilt nicht nur für die Gesellschaften, die einen großen Teil ihres geistigen und geistlichen Erbes dem Christentum verdanken. David Graeber stellt in seinem Buch *Schulden. Die ersten 5 000 Jahre*, diesen Zusammenhang in einen größeren Kontext.

Der Mensch empfindet Schuld gegenüber

- dem Universum, kosmischen Kräften, wie wir heute sagen würden, der Natur. Das ist der Grund unserer Existenz. Die Rückzahlung erfolgt über Rituale: Das Ritual ist ein Akt des Respekts und der Anerkennung gegenüber all dem, neben dem wir klein sind.
- denen, die das Wissen und die kulturellen Leistungen geschaffen haben, die wir am meisten schätzen, die unserem Leben seine Form geben, seine Bedeutung und seine Gestalt. Hierzu zählen wir nicht nur die Philosophen und Wissenschaftler, die zu unserer geistigen Tradition gehören, sondern alle von William Shakespeare bis zu jener längst vergessenen Frau im Vorderen Orient, die das erste Sauerteigbrot gebacken hat. Unsere Schuld ihnen gegenüber zahlen wir zurück, indem wir uns

bilden und einen Beitrag zum Wissen und zur Kultur der Menschheit leisten.

- unseren Eltern und deren Eltern – unseren Vorfahren. Unsere Rückzahlung an sie besteht darin, dass wir selbst Vorfahren werden.
- der gesamten Menschheit. Ihr zahlen wir unsere Schuld durch Großzügigkeit gegenüber Fremden zurück, indem wir die grundlegende Gemeinschaftlichkeit erhalten, die menschliche Beziehungen und damit das Leben ermöglicht.«[3]

Das Christentum ist es also nicht speziell, das den Menschen unter einen besonderen Rechtfertigungszwang stellt. Es greift vielmehr einen Impuls auf, eine Empfindung, die jedem Menschen innewohnt. Es ist das Empfinden, dass er für das, was er ist und was er hat, danken muss. Das unverdiente Empfangen von etwas – die christliche Theologie nennt das Gnade – macht ihn demütig gegenüber den eigenen Eltern, der Natur und gegenüber Gott.

In unserer Zeit ist eine neue Kategorie hinzugekommen: das Schuldgefühl gegenüber der Öffentlichkeit. Daraus entsteht ein Rechtfertigungszwang gegenüber der Öffentlichkeit. In der Aufzählung Graebers kommt sie nicht vor, obwohl ihre Wirkmacht offenkundig ist. Da Personen, wie gesagt, als relevanter empfunden werden als Ereignisse oder Ideen, sind Personen selbst, ist das, was der Einzelne tut oder unterlässt, unter permanentem Rechtfertigungsdruck gegenüber der Öffentlichkeit. Diese Öffentlichkeit ist ubiquitär und omnipräsent – dank der Medien, die eine immerwährende

Repräsentanz der Öffentlichkeit sind. Diese Öffentlichkeit kann aufbauen und einreißen, erschaffen und zerstören. Sie ist omnipotent. Ubiquität und Omnipotenz sind in der christlichen Tradition Attribute Gottes. Die Öffentlichkeit als der neue Gott? Einen Gedanken ist es sicher wert. In seiner Absolutheit fordert dieser neue Gott ständige Bereitschaft, sich zu rechtfertigen und damit den Schuldzusammenhang, in dem jeder Mensch steht, anzuerkennen.

Die Schuld gegenüber den Eltern, so Graeber, ist eine, die sich nicht ausgleichen lässt. Sie wird idealerweise niemals Thema zwischen den Generationen. Der Zusammenhang bleibt bestehen, solange aus Kindern einmal Eltern werden. Die Jungen schulden den Alten Respekt. Die Schuld gegenüber den Göttern versucht der Mensch mit Opfern abzutragen. Der Mensch schuldet Gott den Glauben und das Gebet. Der Schuld gegenüber der Natur kann der Mensch durch ein bewusstes Leben begegnen.

In allen »klassischen« Schuldzusammenhängen gibt es die Möglichkeit, einen Ausgleich zu schaffen. In dem Geben und Nehmen zwischen Eltern und Kind, zwischen Gott und Geschöpf entsteht dadurch Gerechtigkeit. Gerechtigkeit heißt, so Thomas von Aquin, das Geschuldete zurückzugeben: *iustitia est reddere debitum*. Dieser Zusammenhang ist gegenüber der Öffentlichkeit aufgehoben. Dort gelten andere Regeln.

Dem neuen Gott fehlt das, was den Gott der Christenheit ausgemacht hat: die Barmherzigkeit. Der neue Gott der Öffentlichkeit leuchtet jeden Winkel aus, alles auf einmal, und er kennt dabei kein Pardon. Verehrt wird er in den vielfältigen Forderungen nach dem gläsernen Menschen, seinen gläsernen Gläubigen. Wenn Google-Mann Eric Schmidt sagt, dass wir die Dinge, von denen wir hoffen, dass sie niemand herausfindet, einfach nicht tun sollten, ist das das Glaubensbekenntnis, das dieser neue Gott fordert. Der Mensch ist demnach nicht nur durchsichtig, sondern auch rein. Eine Maschine. Kalkulierbar. Uneffizientes Tun wird aussortiert. Doch so funktioniert der Mensch nicht. Zu seinem Leben gehören die Kontingenz, die Erfahrung von Grenzen, Fehlern, Sünden.

Das, was die Öffentlichkeit, was der Gott der Öffentlichkeit fordert, entspricht nicht dem, was wir über den Menschen gesagt haben:

- die Gleich- und Ungleichheit zwischen Menschen, die aus verschiedenen sozialen Ausgangslagen resultiert;
- das nicht auszuleuchtende Verhältnis – sei es konsonant oder dissonant – von Können und Glück: der soziale Vergleich;
- die Identität, die aus Werturteilen und Handlungsmaximen entsteht;
- die Möglichkeit des Scheiterns, die ab dem Moment im Raum steht, ab dem ein Mensch sich für eine Option unter vielen entscheidet.

Vieles von dem, was unsere Lebensgeschichte ausmacht, das Gelungene und das Gescheiterte, wird erst verstehbar, wenn man die aufeinanderfolgenden Ereignisse betrachtet. Das Öffentliche leuchtet alles in einem Moment aus. Dieses grelle Licht heißt absolute Gerechtigkeit. Doch wo ist die Barmherzigkeit geblieben? »Die Barmherzigkeit triumphiert über das Gericht« (Jak.

2,12). Den Menschen verstehen wir erst dann, wenn wir ihn nicht als Maschine, sondern als Geschöpf betrachten. Der Mit-Mensch hat Mit-Leid verdient und den Respekt, also jenen Abstand, mit dem wir auf sein Leben schauen und uns ein vorschnelles Urteil verkneifen.

DIE GESELLSCHAFT

Margaret Thatcher hat den Satz geprägt »*There is no such thing as society*«. Damit hat sie recht. Die Gesellschaft, *society*, ist eine fiktive Größe, ein Abstraktum. Wir haben niemals tatsächlich die Gesamtheit der deutschen Bevölkerung, ihre Haltungen, ihre Vorstellungen, ihren Lebenswandel, vor Augen. Die eine Realität, von der der fiktive Begriff »die Gesellschaft« spricht, besteht aus vielen Realitäten.

Das wird in diesem Buch im Hinblick auf die Diskurse, die diese Gesellschaft führt, sehr interessant. Wenn wir über das Leben von bestimmten Prominenten sprechen, uns über sie empören, beispielsweise über die Finanzierung von Einfamilienhäusern, über Devisenspekulationen, über glamouröse Liebschaften, dann muss man in der Lebenswelt, in der Teilrealität zu Hause sein, über die gesprochen wird, also selber einen Hauskredit bekommen haben oder sich darum bemühen, genug Kleingeld haben, um sich zu verspekulieren, oder in einer gesellschaftlichen Position sein, in der man überhaupt die Möglichkeit hat, an ein Super-Model ranzukommen, mit dem man potenziell seinen Partner oder seine Partnerin betrügen kann.

Die genannten Beispiele zeigen, dass es Verständnisprobleme der Mittelschicht gibt im Hinblick auf die Lebensumstände derer, die es aus ihrer Sicht »geschafft haben« und die nun Teil derer »da oben« sind. Die Personen, denen gegenüber man skeptisch ist. Die Personen, deren Status einem ohnehin nicht geheuer ist. Wir schauen auf zu dem verblichenen Fresko und fragen uns, wie es »da oben« wohl zugehen mag. Dass sich diese Menschen womöglich dieselben Fragen stellen wie wir (Auf welche Schule schicke ich mein Kind? Wie bezahle ich die Raten für mein Haus?), darauf kommen wir nicht.

Wir möchten die soziale Sicherheit und die Individualität. Wir möchten die Geborgenheit der Gruppe und das Besondere des Helden. Wir beneiden die, die es auf das Fresko geschafft haben, für ihre vermeintliche Unabhängigkeit. Und wir verachten sie, weil sie sich aufgrund dieser Unabhängigkeit unserer Kontrolle zu entziehen scheinen.

Von den Helden geht eine gewisse Faszination aus. Wir orientieren uns nach oben, nicht nach unten. Die Unterschicht ist der Albtraum des Mittelständischen. Der soziale Abstieg ist sein Menetekel an der Wand, das Geschick, das ihn als Nächsten treffen könnte.

Wir schätzen unseren eigenen Status meist höher ein, als er wirklich ist. Wir möchten im Rahmen der gesetzten Möglichkeiten von Beförderungen und Gehaltserhöhungen weiterkommen – in Reih und Glied, nach Dienstjahren. Wer sind hierbei unsere Vorbilder? Wir haben keine. So überhöhen wir das Geschick derer »da oben« und kapseln uns ab von dem derer »da unten«. Es bleibt eine verunsicherte Mittelschicht zurück.

Unsere Gesellschaft besteht aus vielen konkreten sozialen Bezügen. Es sind familiäre und freundschaftliche Verbindungen. Es sind Bezüge, die durch räumliche Gegebenheiten in einem Dorf oder einer Stadt entstehen. Es sind die verschiedenen Netzwerke, sei es in einem Alumni-Kreis einer bestimmten Schule oder Universität oder in den Vereinen und Gewerkschaften. Manche gehören verschiedenen Realitäten an und versöhnen in ihrer Person die verschiedenen Ansprüche und Verpflichtungen, die an sie herangetragen werden. Viele Mitglieder unserer Gesellschaft sind in einfache gesellschaftliche Bezüge integriert: das soziale Leben an ihrem Wohn- und Arbeitsort.

Andere Lebensrealitäten sind uns nur als medial vermittelte bekannt. Den Medien kommt hier als öffentlicher Ort die Rolle zu, die Übersetzungsarbeit zu leisten. Daneben brauchen wir Institutionen, die die verschiedenen Teilrealitäten in sich aufnehmen und die Vertreter dieser Teilrealitäten als Akteure, also Handelnde, wirken lassen. Wir möchten, dass das Parlament, dass der Deutsche Bundestag, auf eine bestimmte Weise die verschiedenen Realitäten im Land abbildet: dass er den Regionalproporz ebenso aufnimmt wie den der Berufsgruppen, der Konfessionen und Religionen, der verschiedenen Bildungsgrade. In der Realität sieht das anders aus.

Der Bundespräsident wird von der Bundesversammlung gewählt. Das ist ein Gremium, das auf seine Weise die verschiedenen, früher hätte man wohl gesagt, Stände repräsentiert. In der Praxis sind mittlerweile alle Nichtpolitiker der Bundesversammlung von Parteien benannt. Ihr Wahlverhalten gilt als prognostizierbar (eine Rechnung, die nicht immer aufging).

Das Bundesverfassungsgericht als höchstes Gericht des Landes wird so wahrgenommen wie das Reichskammergericht im Heiligen Römischen Reich Deutscher Nation: als Ort, an dem die verschiedenen Städte und Stände mit ihren verschiedenen Konfessionen auf Grundlage des Rechts Frieden herzustellen suchten. Der Ausgleich der verschiedenen Realitäten im Land auf der Grundlage der Verfassung, das könnte man sagen, ist die Aufgabe des Verfassungsgerichts.

Die Verfassung selbst spricht davon, dass es eines ihrer Ziele ist, die Gleichheit der Lebensverhältnisse aller, die im Geltungsbereich des Grundgesetzes leben, herzustellen.

Diese Aufzählung zeigt, dass Gesellschaft über Institutionen hergestellt wird, die die Schaffung dieser Gesellschaft zur Aufgabe haben. Die Hürde ist immer eine hermeneutische: Wie verstehe ich den anderen, der nicht Teil meiner Teilrealität ist? Wir sind oft nicht in der Lage, über die Grenzen unserer eigenen Lebenswirklichkeit hinauszublicken.

Die Organe der Gesellschaft – das Parlament, die Gerichte, die Religionsgemeinschaften, die Gewerkschaften, die Vereine – kreieren die Öffentlichkeit. Sie alle brauchen wiederum ein Organ der Vermittlung, das die verschiedenen partikularen Erscheinungen so herunterbricht, dass sie für die anderen anschlussfähig bleiben. Dieses Organ klagt an, wenn die Erwartungen an die Organe nicht erfüllt werden, wenn sie, im schlimmsten Fall, ihrer Aufgabe zu integrieren nicht nachkommen. Diese Aufgabe erfüllen, wie gesagt, die Medien.

Auch die Gremien der öffentlich-rechtlichen Rundfunkanstalten sollen auf ihre Weise die Pluralität der

Realitäten der Gesellschaft abbilden. So sitzen dort Vertreter der Politik, der Kirchen, der Gewerkschaften und der verschiedenen gesellschaftlichen Gruppen.

Die Medien ihrerseits sind schwer zu kontrollieren. Die Gesellschaft, die Mitglieder der verschiedenen Teilgesellschaften glauben an die handwerklich sauber ausgeführte Vermittlungsarbeit der Medien. Sie sind daher kein Organ wie die anderen. Man muss sich auf sie verlassen, ihnen glauben. So wie man an Gott glaubt. Die Medien sind der Ort der Öffentlichkeit, sie sind der Hohepriester des neuen Gottes.

DIE MEDIEN

Die Medien sind an der Schnittstelle von Gesellschaft und Öffentlichkeit. Die Teilgesellschaften, die die Gesellschaft bilden, sind real. Die Öffentlichkeit, die aus ihnen erwächst, ist eine virtuelle Größe. Die Aufgabe der Medien ist es, die verschiedenen Teilrealitäten einander vorzustellen. Medien sind Übersetzer. Sie transportieren die verschiedenen Realitäten zu den Teilgesellschaften. In der Summe der Teilrealitäten bilden sie die Gesamtgesellschaft ab. Medien machen anschlussfähig. Sie haben eine eigene Sprache und eigene Formate, mit deren Hilfe derer sie dies bewerkstelligen. Der journalistische Beruf ist ein Handwerk. Er ist erlernbar.

Medien sind kein unabhängiger Makler. Sie unterliegen wirtschaftlichen Gegebenheiten und Zwängen. Das, was die Öffentlichkeit interessiert, liegt in ihrem Fokus. Medien – Zeitungen, Magazine, Online-Angebote, Radiostationen und Fernsehsender gleichermaßen – verkaufen Werbeplätze. Je mehr Zuschauer, Hörer und Leser ein Angebot hat, desto mehr Werbeerlöse können generiert werden. Aus den Werbeerlösen entsteht der wirtschaftliche Erfolg. Wenn ein Medienunternehmen wirtschaftlich profitabel läuft oder gar Gewinn erwirtschaftet, ist es im Prinzip unabhängig.

De facto straucheln in allen Mediengattungen viele der Angebote wegen sinkender Werbeausgaben der Werbetreibenden. Im Grunde sind die Umsätze, die online oder auf dem Handy erzielt werden, nicht vergleichbar mit den Umsätzen, die früher im Print-Bereich erzielt wurden. Online und mobil sind die Umsätze von der Anzahl der Nutzerinnen und Nutzer abhängig und von der Zeit, die sie auf dem jeweiligen Medienangebot verbringen. Der Fokus der Medienmacher liegt daher darauf, von den Geschichten, die am meisten Anklang finden, möglichst viele zu bringen. Das sind in der Regel Stücke, die in den Bereich Panorama, Gossip, Vermischtes fallen. Es sind Geschichten über Menschen, über ihr Leben, ihre Verfehlungen.

Medien verstärken an der Stelle das, was wir über den Menschen in konkreten gesellschaftlichen sozialen Bezügen bereits gesagt haben. Es ist nicht die Idee, die medial aufbereitet reüssiert, es sind die Geschichten von Niedertracht, Verrat, Inkompetenz. Mit der Bearbeitung der Fälle Brüderle, zu Guttenberg, Hoeneß, Kachelmann, Schavan, Türck, Wulff und Zumwinkel waren die Medien wochenlang beschäftigt – nicht nur etwa die sogenannten Boulevardmedien. In allen Gattungen wurden Formate bespielt, die das Thema replizierten.

In den Redaktionen wird vermutet, dass die Menschen sich für ein bestimmtes Thema interessieren. Die Einschaltquoten geben den Medienmachern recht. Dieser Umstand ist keiner, den wir dem Internet verdanken. Schon in vordigitalen Zeiten gab es Erhebungen mit speziellen Brillen, die man den Lesern einer Zeitung aufgesetzt hat. Diese Brillen konnten messen, wohin das Auge des Betrachters schweift. Auch damals waren es nicht die außenpolitischen Analysen oder die politischen Kommentare, die die Menschen gefesselt hätten. Es waren, richtig, die voyeuristischen Geschichten von Aufstieg und Fall der Helden jener Zeit.

Medien leisten also eine Übersetzungsleistung unter wirtschaftlichen Vorzeichen. Sie orientieren sich am Willen ihrer Konsumenten. Woher wissen die Medien, wie sie das, was diese Konsumenten interessiert, aufbereiten können? Journalisten, die Medien mit Artikeln und Beiträgen bestücken, leben nicht in einer anderen Sphäre, sondern sind Teil der Gesellschaft, Teil der Realität, für deren Bewohner sie arbeiten. Der Instinkt, der manchen Medienmachern nachgesagt wird, meint jenen Riecher, der nötig ist, um zu wissen, was als Geschichte funktionieren wird.

Medien übersetzen nicht nur einfach zwischen den verschiedenen Teilrealitäten und schaffen so einen für alle einsehbaren Diskurs. Medien leben davon, das ist den wirtschaftlichen Rahmenbedingungen geschuldet, dass die verschiedenen Teilrealitäten sich aneinander abarbeiten. Der Konflikt, der entsteht, wenn man sich nicht versteht, ist viel Geld wert. Je länger es dauert, einen übersetzten Zustand herzustellen, desto mehr Talkshows und Artikel sind nötig, um diesen Zustand zu erreichen. Die politischen Talkshows im deutschen Fernsehen sind daher folgerichtig nicht darauf angelegt, dass die in den Gästen vertretenen verschiedenen Positionen miteinander versöhnt werden oder ein Konsens entsteht. Die Redaktionen arbeiten mit Gästen, die maximal weit auseinanderliegen. Die Moderatoren arbeiten so, dass die Gegensätze herausgearbeitet werden. Am Ende der Sendung bleibt keine Zeit, eine Einigung zu erzielen. Die Inszenierung gipfelt in maximalem Dissens. Ideen, die zur Lösung des Konflikts beitragen, werden auf diese Weise nicht befördert. So werden viele Medien ihrer Aufgabe, Übersetzer zu sein, aus wirtschaftlichen Gründen nicht gerecht.

Sie verstärken den ausgrenzenden Effekt, den wir schon für die Gesellschaft konstatiert haben. Die verschiedenen gesellschaftlichen Gruppen werden einander gegenübergesetzt: die Familienaktivistin und der Aktivist für Homosexuelle. Der Zuschauer soll Partei ergreifen, sich entscheiden. Bei den Maximaldivergenzen, mit denen die Talkshow-Protagonisten gegeneinander antreten, ist der Abbau von Sympathie unausweichlich. Mein Respekt schwindet, wenn ich in den Vertretern anderer Auffassungen potenziell den erblicke, der vorhat, meine Lebenssituation zu ändern. Medien integrieren an der Stelle nicht mehr, sondern wiegeln gegeneinander auf.

Neben diese Asymmetrie tritt eine weitere. Wir glauben, dass die Medien – ähnlich wie wir das von Institutionen und Einrichtungen annehmen – die Gesellschaft in ihrer Gesamtheit und die dort vorhandenen Positionen und Werturteile spiegeln. Dass dort Menschen aus allen Teilbereichen arbeiten. Das ist aber nicht der Fall. Laut einer neuen Studie der Freien Universität Berlin haben rund 27 Prozent der befragten Journalistinnen und Journalisten Sympathien für die Grünen, 15,5 Prozent für die SPD, 9,1 für CDU/CSU und 7,4 für die Liberalen. Wenn diese Verteilung die Stimmung in der Bevölkerung wirklich spiegeln würde, dann wären die Grünen mit rund 42 Prozent im Bundestag vertreten, rechnet die Studie aus.

Ein weiteres Beispiel ist die Berichterstattung in der Krim-Krise und die Revolte in der Ukraine. Meinungsmacher in den deutschen Print-Medien gehören zu einem großen Teil Think Tanks oder Institutionen an, die dem deutsch-amerikanischen Verhältnis verpflichtet sind. Das Satiremagazin *Neues aus der Anstalt* hat diese Zusammenhänge aufgearbeitet und einem erstaunten Publikum im Mai 2014 präsentiert.

Die Folge aus beiden Beispielen ist, dass die Berichterstattung sich nicht mehr mit den Gegebenheiten der Wirklichkeit deckt, da die Medienmacher bestimmte Aspekte übersehen oder nicht mehr sehen können, weil sie einen speziell zugeschnittenen Blickwinkel haben. Die Medienkonsumenten spüren das und kritisieren ihrerseits die Medien dafür. Sie verlieren dabei ihr Vertrauen in die Journalisten und die kritische, zu allen gleiche Distanz wahrende institutionelle Kraft der Medien.

Die Medien sind aber die Einzigen, die für eine Gesamtgesellschaft garantieren. Ohne ihre Übersetzungsleistung werden sich die Teilgesellschaften, von denen wir gesprochen haben, mit ihren eigenen Interessen beschäftigen und diese ohne Ausgleichsbereitschaft vertreten.

Beides, die wirtschaftlichen Zwänge und die Parteilichkeit, fördern das Ressentiment innerhalb unserer Gesellschaft. Alle Teilgesellschaften fühlen sich nicht adäquat gespiegelt. Die Akteure empfinden es als ungerecht, wie sie dargestellt werden.

Die Medien gehen mit ihrer Verantwortung manches Mal lax um. Der Konsument macht es ihnen auch nicht einfach: Er goutiert die persönlichen Storys, die

Skandale. Das Ernsthafte, das zu recherchieren viel Geld kostet, erfreut sich keiner allzu großen Beliebtheit. Dazu kommt, dass die Medien außer einer freiwilligen Selbstkontrolle keine weitere Supervision zulassen können. Sie sind als unabhängige gesellschaftliche Kraft dazu da, Missstände aufzudecken. Hierbei dürfen sie naturgemäß keiner Kontrolle unterliegen.

Die strukturellen Probleme sind den Medienschaffenden bewusst. Die Frage steht im Raum, warum es, gemessen an ihrer absoluten Zahl in der deutschen Gesellschaft, so wenige Journalistinnen und Journalisten mit Zuwanderungsgeschichte gibt und zu wenige Frauen einen Weg in die Chefredaktion finden. Der Problemstellung wird mit verschiedenen Initiativen und Aktionen zu begegnen versucht.

Was die Diskrepanz zwischen der eigenen Haltung und jener der Konsumenten betrifft, haben es sich die Journalisten bequem gemacht und sehen keinen Handlungsbedarf. In einer Umfrage aus dem Jahr 2011 von Hans Matthias Kepplinger, einem Kommunikationswissenschaftler der Universität Mainz, haben 53 Prozent der befragten Journalisten angegeben, dass sie der Auffassung sind, nicht das politische Denken ihrer Konsumenten zu teilen. 46 Prozent sahen sich links von der Meinung ihrer Adressaten, 7 Prozent rechts.

DISKURS, RESSENTIMENT UND TABU

Medien sind für den Diskurs in einer Gesellschaft zuständig. Sie regen ihn an, treiben ihn vorwärts. Unter Diskurs versteht man den Austausch von Argumenten über bestimmte Sachfragen. Das beste Argument in einer solchen Debatte gewinnt. Der Diskurs ist ein rationales Unterfangen. Das beste Argument steht für sich; es ist unabhängig von dem, der es äußert, in sich stimmig oder nicht. Das ist die eine Seite der Medaille. Die andere Seite ist, dass das Argument von dem, der es äußert, subjektiv wahrhaftig vorgetragen sein soll. Der Träger einer bestimmten Meinung verstärkt das Argument, wenn er ein glaubwürdiger Vertreter dieses Arguments ist. Der Held der Antike, so habe ich es zumindest in einer Vorlesung in alter Kirchengeschichte zu Beginn meines Studiums gehört, zeichnete sich dadurch aus, dass er das Wort, das er sagt, durch die Tat seines Lebens bestätigt. Unter Umständen mündet dieses Einstehen für die eigene Überzeugung mit der Tat des Lebens ins Martyrium.

Sind wir diesem Ideal heute noch verpflichtet? Die Heroen der Antike und die Märtyrer der frühen Christenheit sind uns fremd. Für eine Überzeugung bis zum Äußersten zu gehen liegt uns nicht. Das liegt, abgesehen von opportunistischen Gründen, daran, dass die Fakten stets in Bewegung sind, dass die Sachfragen, über die wir als Gesellschaft streiten, nicht einfach zu beantworten sind. Sind Sie für Organspende? Heißen Sie assistierten Suizid gut? Wie stehen Sie zur Abtreibung? Eine Überzeugung kann vor zehn Jahren richtig gewesen sein, heute haben sich die Bedingungen geändert. Umso wichtiger ist, dass es eine fruchtbare Debatte über die Dinge gibt, die uns in der Zukunft bewegen werden. Alle Diskussionen münden in die übergeordnete Frage »Wie wollen wir leben?«

Was uns von der Vorstellungswelt des christlichen Märtyrers (im Prinzip jedes Märtyrers) trennt, ist unser Wissen darum, dass es keine abgeschlossene und somit auch keine ewig gültige Wahrheit gibt. Die Religionen tragen ihre Dogmatik in einer Custode und schützen mit ihr das spirituelle Erleben und Leben ihrer Gläubigen. Die moralischen Fragen hingegen sind stets in Bewegung. Wer eine einzige gültige Antwort auf die Fragen der Menschen geben möchte, wird der Vielfalt der Realität nicht gerecht. In pluralen, säkularen und freiheitlichen Gesellschaften gibt es keine absoluten Wahrheiten. Im Diskurs wird um das beste Argument gerungen.

Ein Beispiel aus einem anderen Kontext: In der islamischen Tradition gibt es vier Rechtsschulen. Sie geben verschiedene Antworten auf dieselben Fragen auf der Grundlage von Interpretation. Der Gläubige nimmt für sich die Antwort der Rechtstradition an, die für ihn subjektiv das spiegelt, was er als objektiv erachtet. Die Angehörigen der verschiedenen Traditionen sollen einander respektieren. Dieses Denken reflektiert eine eigene Herangehensweise an die Komplexität der Wirklichkeit, der Realität des menschlichen Zusammenlebens.

Was den antiken Helden gekennzeichnet hat, hat die moderne Wissenschaft auf eigene Weise wiederbelebt: den Zusammenhang von Wort und Tat – oder, um genau zu sein, den Zusammenhang von Denken, Sprechen und Handeln:

Im sogenannten *linguistic turn*, der linguistischen Wende, den die gleichnamige Wissenschaft in den 60er-Jahren des vergangenen Jahrhunderts vollzogen hat, wurde der Sprechakt zugleich auch als Handlung aufgefasst. Der Zusammenhang von Denken, Sprechen und Handeln wurde wissenschaftlich herausgestellt. So beinhaltet die Aussage »Es zieht« jenseits der Lautkette und ihrer Bedeutung die Aufforderung »Bitte schließ' das Fenster!«.

Vor dieser linguistischen Wende glaubte man, dass die Dinge objektiv existieren. In der Philosophie vertrat man bis dahin die Auffassung, dass Kinder eine Sprache in sich vorfinden, die sie durch Erziehung und Praxis zu äußern lernen. Die Sprache ergriff also Besitz von den Menschen und nicht der Mensch über die Sprache Besitz von der Welt. Heute denken wir den Zusammenhang umgekehrt. Wie wir Dinge benennen, bestimmt, ob wir sie positiv oder negativ sehen. Die Oberhoheit im Diskurs gewinnt der, der als Erster und am effektivsten seine Sache benennen kann, sei es die eigene Ansicht positiv oder die der anderen negativ, zum Beispiel Herdprämie versus Betreuungsgeld.

Es geht um das Besetzen von Begriffen. Dieser Terminus aus der Sprach- und Politik-Forschung bezeichnet die Fähigkeit, im Diskurs einen Punkt zu machen. Wer einen Begriff in die Öffentlichkeit einführt, der kann sicher sein, dass er sich von dort aus seinen Weg in das Bewusstsein und Handeln der Menschen bahnt.

Diskurse werden in der Gesellschaft stellvertretend von Vertretern der verschiedenen Meinungsfraktionen in der Öffentlichkeit geführt. Aufgrund bestimmter Qualifikationen erachten wir bestimmte Menschen für kompetent, eine Debatte zu führen, zu bereichern, nach vorn zu drehen oder schließlich zu beenden. Meinungsführer sind Teil derer »da oben«, ein Teil des Heldenprospekts an der Hallendecke, die unsere Gesellschaft überwölbt. Es sind die Vertreter verschiedener politischer Parteien, der Kirchen und Religionsgemeinschaften, aus Gewerkschaften und NGOs, Fernsehköche und Schauspieler, Wirtschaftsbosse und Spitzensportler. Menschen von öffentlichem Interesse, das an ihnen besteht, weil sie Experten in bestimmten Bereichen sind.

Aus der Vergangenheit scheinen wir immer noch mitzuführen, dass unsere Helden neben der intellektuellen Wahrhaftigkeit, mit der sie argumentieren, auch eine moralische Integrität besitzen sollen, eine Integrität, wie wir bereits festgestellt haben, die aus bestimmten Gründen über die des normalen Menschen hinausgeht.

Die Persönlichkeit eines Diskursteilnehmers, eines Meinungsführers, stärkt das Argument, sie ist nicht die Bedingung, überhaupt ein Argument äußern zu können. Der Mensch ist dann echt, wenn er in seiner Gebrochenheit vor uns steht und nicht in seiner idealtypischen Variante.

Die Öffentlichkeit inszeniert Personen, sie stehen vor uns in einer institutionalisierten Rolle und somit in einer anderen Weise als Menschen in unserer direkten Umgebung. Dieser Unterschied mag schon immer schwierig zu rezipieren gewesen sein. Heute aber scheint er gänzlich begraben unter unserem Wunsch nach authentischem Heldentum.

So inszeniert die Öffentlichkeit auch sein mag, die Menschen, die uns dort in ihren Rollen begegnen, sind echte Menschen. Sie unterscheiden sich in diesem Punkt von den fiktionalen Helden, von Don Quijote und Robin Hood, vom Helden der Bourne-Trilogie und dem Protagonisten des Herrn der Ringe. Was dort in fiktionalem Gewand als Herausforderung und Versuchung auf den Plan tritt, um den Helden nur für bestimmte Zeit vom rechten Weg abzubringen, ist Resultat der Imagination der Drehbuch- und Romanautoren.

Wenn wir erkennen, dass unsere Helden anders sind als die aus dem Film, wenn wir von denen enttäuscht sind, denen wir einen ersten Platz in unserer Öffentlichkeit eingeräumt haben, dann hat das augenblicklich Auswirkungen auf unsere Diskurskultur. Wir misstrauen den Protagonisten des Diskurses, unseren Prominenten, und der Bühne, auf der sie sprechen, den Medien. Die Gesellschaft zieht sich auf zwei Bereiche zurück: auf das Ressentiment und das Tabu.

Das Ressentiment bezieht sich vor allem auf die Eliten, die »da oben«, die Meinungsführer, die die in der Öffentlichkeit die Gesellschaft repräsentieren. Das belegt der schon sehr lange geführte Elitendiskurs in unserem Land. Desavouierte politische, wirtschaftliche, sportliche, kulturelle Eliten sind keine Eliten mehr. Wem können wir dann noch trauen? Wir sind auf uns allein gestellt. Die Bindekräfte der Gesellschaft werden zuerst lockerer, am Ende existieren sie nicht mehr. Wir erklären, dass wir keine Vorbilder mehr brauchen und uns selbst durchs Leben schlagen. »Geiz ist geil« – der prominenteste Anklang, eine Gesellschaft der Einzelnen zu forcieren. Auf sich selber, so heißt es, kann man am ehesten vertrauen. Die anderen sind korrupt. Mit den anderen sind eben nicht nur die »da oben« gemeint. Das Misstrauen tritt aus den Fernsehern, von den Bühnen der medial inszenierten Öffentlichkeit, in unsere Wohnzimmer, in unsere konkreten Lebensbezüge. Vorbilder haben wir auf allen Ebenen unseres Zusammenlebens: den Ortsvorsteher im Dorf, den Pfarrer, den Arzt, den Lehrer. Gemeinsam bilden sie die Dorfelite. So wie man der Elite »da oben« nicht traut, traut man den eigenen Vorstehern irgendwann auch nicht mehr. Ist die ganz große Elite korrupt, dann ist es die kleine auch.

Es gibt ein Ressentiment, das sich aus dem Eliten-Ressentiment ergibt: das vom Unwert der geistigen Arbeit. Die, die mit Denken ihren Lebensunterhalt bestreiten oder mit Musik oder Kunst, also die, die gemeinhin in das Feld der Intellektuellen gezählt werden, haben keinen guten Stand bei der werktätigen Bevölkerung. Es ist ein Konfliktfeld, auf dem die Vermittlungsarbeit der Medien gescheitert ist. Was macht ein Manager eines großen Fußballclubs den ganzen Tag? Was macht ein Bundespräsident? Was ein Moderator? Wie bringt ein Wettermann 24 Stunden herum? Wir versuchen nicht, uns über die Vielzahl von Lebensumständen und möglichen Lebensentwürfen, die daraus resultieren, einen Überblick zu verschaffen. Das ist Grund Nummer eins für das Ressentiment gegen die

»da oben«. An die Stelle der Beschäftigung mit dem Argument tritt die Spekulation über das Leben dessen, der sich im Diskurs äußert. Auch hier geht es um Menschen, nicht um Ideen.

In der aktuellen Situation, in der Gesellschaft und Öffentlichkeit sich voneinander entfernen und in der die Meinungsführer als desavouiert gelten, wird viel vom Tabu gesprochen. »Man wird doch noch sagen dürfen«. Unter der Banderole, auf der dieser Satz wie eine Programmatik geschrieben steht, ziehen Zeitgenossen wie Thilo Sarazzin ins Debattengefecht. Ihre Botschaft an die Gesellschaft ist, dass sie zu den neuen Maklern ihrer Interessen werden möchten. Da es sonst niemand mehr tut.

Unter dem Vorhalt, dass es Tabus gebe, über die das gemeine Volk »die da oben« nicht debattieren sehen will, verkaufen die Akteure der Empörung ihre Bücher und treten in Talkshows auf. Die Auslagen in den Buchhandlungen ebenso wie die Besetzung der Talk-Show-Panels belegen gleichwohl, dass man in Deutschland alles sagen darf.

Indem Helden und Volk aneinander vorbeisprechen, entsteht der Eindruck, es gebe Dinge, über die nicht gesprochen werden dürfe. In klassischen Familien stellt sich der Eindruck ein, die Politik habe den Mittelpunkt ihres Handelns auf homosexuelle Paare gelegt. In der Frage nach gerechter Besteuerung entsteht der Eindruck, dass die »da oben«, die Politiker, das machen, was sie möchten. In beiden Fällen haben Teile der Gesellschaft den Eindruck, dass ihre Anliegen nicht mehr vorkommen und tabuisiert werden.

DIE HÄME

Die Häme ist eine Mischung aus Schadenfreude, Besserwissertum und Sadismus. Sie ist die Begleiterin des Neids. Die Begleiterin einer Todsünde musste früher im Verborgenen agieren. Heute ist sie salonfähig. Sie muss sich nicht mehr verstecken.

Mit Häme reagiert die Öffentlichkeit auf Offenbarungen aus dem Leben ihrer Eliten, derer »da oben«. Der Held von einst verliert seinen Platz im Deckengemälde. Sein Bildnis wird entfernt, und er selber wird an den letzten Platz gesetzt, vor die Tür. Am Eingang zur Halle der Gesellschaft sitzen die Gescheiterten nun. Jeder, der an ihnen vorbeigeht, wirft ihnen ein hämisches Grinsen zu. Ja, so kommt es, wenn man sich über die anderen erhebt. Held durften sie nur sein, weil man ihnen Superman-Eigenschaften zugeschrieben hat. Nur so haben sie die Berechtigung erarbeitet, über den anderen zu stehen, von ihnen verehrt und zu Vorbildern genommen zu werden.

Aus dem Gleichklang der Mittelschicht, des Mittleren, des Mediokren, wird nur der entlassen, der mit einem außerordentlichen Charakter begabt ist. Der Fall des einstigen Helden wird all denen ins Stammbuch geschrieben, die noch in ihren Garagen in der

Vorstadt tüfteln, die sich anschicken, aus ihrem Leben mehr zu machen. Auch sie gehen am Pranger vorbei und werden dabei ängstlich. Wer kann auf Dauer so perfekt sein, dass er zuerst die Beobachtung durch die Öffentlichkeit erträgt und dann, sollte er in Ungnade fallen, die Zeit am Pranger, die Zeit der Häme, erduldet und überlebt?

Wenn die Öffentlichkeit sich auf einen Menschen am Pranger einschießt, dann steht der Angeprangerte für sehr lange Zeit da, einige stehen dort sogar für immer. Der Gescheiterte wird in seinem Scheitern schonungslos bloßgestellt. Die Umstehenden weiden sich an seinem Ungeschick, an seinem Schicksal. Es ist so schön, den Kampf des Angeprangerten mit anzusehen. Er ist wie ein loderndes Feuer, das die Umstehenden wohlig wärmt. Das mollige Gefühl entsteht, indem der Angeprangerte in diesem Leben schon durch sein persönliches Fegefeuer geht.

Der Pranger der Öffentlichkeit ist der Golgotha-Hügel unserer Zeit. Ausgestellt, angeheftet und unbeweglich, der Kampf ums Überleben wird begafft und mit demütigenden verbalen Äußerungen flankiert. Lang und breit wird auf den Bühnen der Öffentlichkeit diskutiert, wo genau Bundespräsident Wulff einen Kommunikationsfehler gemacht habe, den jemand in *der* Position sich nun wirklich nicht erlauben kann. Darin schwingt häufig mit, dass man selbst, wenn man in *der* Position wäre, diesen Fehler selbstverständlich nicht gemacht habe. So geht es um Dissertationen und Fußnoten, so geht es um Spekulationen und öffentliche Äußerungen zu sozialem Engagement. Die, die sich nie aus dem Windschatten des für sie durch Herkunft Vorherbestimmten getraut haben, finden ihre Mediokrität im Scheitern des Helden bestätigt.

Auf den Bildern, die in der abendländischen Kunstgeschichte das Leiden und Sterben Jesu von Nazareth zeigen, sind die Marternden zynisch und sadistisch, die umstehende Menge, die Kriegsknechte und die Gehilfen, gefällig und gehässig. Ihnen zeichnen die Maler jeder Zeit eine Häme ins Gesicht, die uns fürchten lehrt. Eine Häme, die deshalb so ins Mark geht, weil wir in unser eigenes Gesicht blicken, wenn wir den Landsknechten direkt in die Augen schauen. »Anderen hat er geholfen, sich selbst aber kann er nicht helfen«, »So steig herab vom Kreuz, so wollen wir dir glauben.« – Worte aus dem Passionsbericht nach Matthäus.

Ist der Sadismus, mit dem wir uns am Elend des Angeprangerten weiden, nicht sogar Masochismus? Hassen wir in ihrem Scheitern nicht unsere eigene Unzulänglichkeit?

Die Botschaft, die die geistlichen Autoren den Rezipienten der Passionsgeschichte mit auf den Weg geben, geht in diese: Gib' Acht, eigentlich ist der Platz Jesu dein Platz! »Ich bin's, ich sollte büßen, an Händen und an Füßen, gebunden in der Höll'. Die Geiseln und die Banden und was du ausgestanden, das hat verdienet meine Seel'«, lässt Johann Sebastian Bach die Gemeinde in seiner Matthäus-Passion singen. Das Mitleid evoziert den größten Hass. Das, was man von sich selbst im Poenitenten, im Angeprangerten, sieht, ist ein Spiegelbild, ein Teilausschnitt dessen, was einen selbst, den Gaffenden, so unsympathisch und für sich selbst so schwer erträglich macht. Wer auf der Wallfahrt nach Mekka auf eine Stelle mit Steinen wirft, um damit, symbolisch, den Teufel zu steinigen, der wirft die Steine auf seine eigenen Sünden. Das ist der Moment der Läuterung, der Selbstreinigung. Im Opfer des Angeprangerten exponiert die Öffentlichkeit ihre Sünden, lädt sie ausgewählten Vertretern ihrer selbst auf und schickt sie damit in die Wüste, ganz so wie den sprichwörtlichen Sündenbock, dem genau das widerfahren ist.

Was sind denn die Vergehen, die auf diese Weise angeprangert werden: Es geht meist um Sex, um Geld, um Moral. Kurzum: Es geht um Macht. Dabei sind zwei Dinge entscheidend: Erstens teilen die hämischen Gaffer mit dem Angeprangerten ein Geheimnis: Auch sie hätte es treffen können, denn auch sie haben die eine oder andere Leiche im Keller, die, so sie gefunden und ans Licht gezogen würde, auch sie an diesen Pranger bringen würde. Denn einem großen Steuerhinterzieher korrespondieren Tausende kleine. Einer betrunkenen Bischöfin am Steuer korrespondieren Tausende Männer und Frauen, die täglich angetrunken Auto fahren.

Die Sünden der Angeprangerten sind die verbotenen Früchte aus der Mitte der Gesellschaft. Alle schielen auf sie, aber alle wissen zugleich, dass sie (die Gemeinschaft) es sich verboten haben, von diesen Früchten zu kosten. Wenn nun Einzelne von denen »da oben« die Regeln brechen, dann schänden sie den selbst gewählten, Unterscheidung schaffenden Kodex des Zusammenlebens. Zum Beispiel, indem sie ihren Lebenspartner betrügen oder Steuern hinterziehen. Die Häme entsteht so als Abwehrreaktion: Zum Glück hat es nicht mich getroffen. Von »denen da oben« erwartet die Mittelschicht, dass sie sich gemäß ihren Verhaltensnormen benehmen. Am Ende unterliegt die Beurteilung oder Verurteilung ihres Handelns den Leitlinien, die die Mehrheit der Gesellschaft in der Öffentlichkeit aufgestellt hat.

Zweitens korrespondiert der Macht derer »da oben«, die am Pranger stehen, eine gefühlte Ohnmacht derer, die den Pranger umstehen, ein Ohnmachtsgefühl gegenüber einer als herrschend empfundenen Klasse. Dieses Gefühl ist die Grundlage für die Häme und steigert diese bisweilen in offene Aggression und Hass.

Dabei ist klar: Nur das als solches benannte Ohnmachtsszenario ist die Rechtfertigung für die überbordende Häme. Denn in einer auf Egalität aufgebauten Öffentlichkeit gehört es zu den sozialen Normen, unter normalen Umständen den Verlierer, der am Boden liegt, nicht noch weiter mit Fußtritten zu traktieren. Da aber im vorliegenden Fall ein Usurpator, ein Übermächtiger, einer von »denen da oben« zu Fall kommt, ist das gemeinsame Tun eine Art Tyrannenmord, der, als revolutionäres Aufbegehren gegen den Status quo, umdefiniert und gefeiert wird. Am Ende schließt sich hier der Kreis, und wir sind wieder bei Punkt eins: Die Öffentlichkeit steinigt in jedem Gescheiterten ihre eigenen Vergehen. Vielleicht begehrt sie in diesem Akt auch gegen ihre eigenen moralischen Maßstäbe auf.

DIE MORAL

Es lohnt sich, noch einmal auf das moralische Empfinden zu schauen, dessen Verletzung die Grundlage der Häme ist. Woher stammt es? Wer definiert es? Und: Wer sanktioniert seine Verletzung auf welche Weise?

Moral beschreibt die Sitten in einer Gemeinschaft, in einer Kultur. »*O tempora, o mores!*«, ruft es uns aus der lateinischen Antike zu: »Oh Zeiten, oh Sitten!« In diesem Ausruf wird uns die Wandelbarkeit der *mores* vor Augen geführt. Jede Zeit hat ihre sittlichen Vorstellungen und Möglichkeiten, sie als Handlungsmuster zu etablieren.

Moral funktioniert unabhängig von Gerichten. Ihre Vorstellung geht denen einer rechtlichen Kodifizierung von Gesetzen voraus. Die Moral ist die Grundlage des Rechts. Das Recht ist, so könnte man sagen, die normative Ausgestaltung des moralischen Empfindens jeder Zeit. So wie das Recht sich weiterentwickelt, so verändert sich auch die Moral.

Jede Zeit mag für sich in Anspruch nehmen, den Gipfel des Moralischen in der Zivilisationsgeschichte erklommen zu haben. Die, die dieser Generation nachfolgen, werden ihrerseits auf die dann Alten zurückblicken und Teile ihrer Moral als gestrig verwerfen. So geht das weiter und weiter. Jede Gesellschaft verfolgt dabei das Ziel, nicht irgendwann einmal in der einst als neu empfundenen Moral zu erstarren. Die Moral steht im Zentrum jeder Kultur und legt die Grundlage für das Zusammenleben.

Es gibt eine komplizierte Verquickung von Recht und Moral: Das Recht stammt aus den moralischen Vorstellungen und wird mit ihnen abgeglichen. Gleichzeitig hat das Recht eigene, legitime Maßstäbe. Eine Sache, die moralisch verwerflich ist, mag noch nicht justiziabel sein. Wenn eine Kluft zwischen Strafbarem und moralisch Beanstandetem entdeckt wird, werden Forderungen erhoben, diese Diskrepanz, die als Gesetzeslücke interpretiert wird, zu schließen.

Es ist interessant: Es wird nach einem Gesetz gerufen, wenn das Moralgefühl der Öffentlichkeit verletzt ist. Danach rufen, teils ungefragt, teils direkt adressiert, Politikerinnen und Politiker. Das müssen sie, denn ihr Geschäft ist die Legislative. Politiker werden auf Tumult in der *res publica* immer mit Gesetzesinitiativen reagieren müssen. Sie haben kein anderes Instrument, die Legislative ist ihr Gestaltungsspielraum.

Die Moral kann aber niemals die Geisel oder die Magd des Gesetzgebers sein. Schaut man auf Länder wie Russland, die Türkei oder den Iran, wird deutlich, was gemeint ist: Es gibt nie nur eine Moral in einem Land. Die Behauptung, die Sitten eines Landes seien monolithisch, ist der Beginn eines totalitären Umarmens der Zivilgesellschaft durch den Machthaber. In den genannten Ländern funktioniert die Judikative nicht unabhängig, sodass man folgerichtig sagen kann, dass die Gesellschaft nach der Vorstellung ihrer Machthaber gebildet oder umgestaltet werden soll.

Wenn zum Beispiel sogenannte »Schwulen-Propaganda« in Russland verboten ist, weil die Homosexualität den von den Machthabern definierten gesellschaftlichen Zielen entgegenlaufe, dann ist das ein Beispiel für eine ungute Verquickung, bei der die Moral in Geiselhaft des Autokraten genommen wird. Der türkische Ministerpräsident Erdogan erklärt seinerseits Homosexualität für »unislamisch«. Auch er legt für sich seine Kompetenzen, den gesetzgeberischen Rahmen, weit aus. In einem solchen Fall bildet nicht die Gesellschaft ihre Sitten aus, ihre Moral, und legt somit das Fundament für eine Gesetzgebung im Land. Nein, es ist umgekehrt: Der staatliche Führer erklärt, was Moral ist, und setzt sie ins Werk. Im Iran kann man das auf die Spitze getrieben sehen: Da weiß der Staat sogar ganz genau, wie sich seine Bürgerinnen zu kleiden haben, und verteilt Stockhiebe, wenn die Kopfbedeckung der Frauen für seinen Geschmack etwas zu weit nach hinten gerutscht ist.

Nun ist Deutschland nicht der Iran, Russland oder die Türkei, hier ist es umgekehrt: Die Öffentlichkeit möchte hier keine Moral mehr ausprägen, sondern bittet die Politik darum. Die Politiker nehmen ihrerseits diesen Ruf nach strengeren Gesetzen auf. Sie werden von der Öffentlichkeit nahezu angebettelt, mit immer neuen Gesetzen das einzufordern, wozu eine Moral eigentlich verpflichten würde.

Die Verschärfung der Gesetze: Das wünschen sich die Deutschen gern und lautstark. Schärfere Sicherheitsgesetze, schärfere Gesetze für Sicherheitsverwahrte, schärfere Gesetze gegen Einwanderung. Ein Politiker weiß, dass eines der wenigen Dinge, mit denen er sich beim Wahlvolk beliebt machen kann, die Ankündigung ist, Gesetze verschärfen zu wollen.

Ein Beispiel: Steuerhinterziehung ist ungesetzlich. Aber jeder versucht, seine Steuerlast zu minimieren. Dazu gibt es jede Menge legale Mittel und Mittel im Grenzbereich. Die komplizierte Steuergesetzgebung macht es dem normalen Menschen nahezu unmöglich, seine Steuererklärung ohne einen Steuerberater zu machen. Die Steuern gehören zu den großen Themen unserer Gesellschaft.

Und so zahlen alle zähneknirschend diese Steuern. Und machen aus der Not eine Tugend: Es ist moralisch gut, so sagen wir, Steuern zu zahlen, denn das erhält den Staat, gibt ihm die Freiheit, seine Aufgaben zu erfüllen. Wer nicht zahlt, der konterkariert das Tun der ehrlichen Menschen. Die öffentlich geäußerte Moral reicht aber nicht aus, um Steuerbetrug zu begegnen.

Nun bieten Personen Datenträger mit den Namen von vermeintlichen Hinterziehern den deutschen Steuerermittlern zum Kauf an. Darf der Staat zum Hehler werden? Es ist keine Petitesse, wenn sich die Finanzminister des Bundes und der Länder auf solche Deals einlassen. Aber sie tun dies, um dem Druck der Öffentlichkeit zu begegnen. Dort ist der Furor groß: Würde die Politik nicht alles daran setzen, hier der Stimmung zu begegnen, wäre die Entgegnung: Die decken sich gegenseitig. Und so wird der Staat zum Hehler.

Die Öffentlichkeit hat das Austarieren ihres moralischen Kompasses an die Politik ausgelagert. Das ist der Beginn einer Aushöhlung der Freiheit des Einzelnen sowie letztlich der Zivilgesellschaft, deren moderierende Kraft auch ihre Stärke bedeutet. Am Ende gibt es keine Enklaven mehr gegen staatliches Tun und Einwirken. Unser immer lauter artikulierter Wunsch nach staatlichem Eingreifen in unser Leben bezeugt, dass wir immer weniger in der Lage sind, als Diskursgemeinschaft zu funktionieren.

Und so bauen wir uns unseren Leviathan selber. Der Staat soll die Moral herstellen und schützen, dabei ist es die Aufgabe des Staates zu ermöglichen, dass die Bürger ihre Moral finden, etablieren und leben können. Warum führen wir bei jeder Gelegenheit das Erbe der Aufklärung im Munde, wenn das *sapere aude*, der Mut, sich seines eigenen Verstandes zu bedienen, für uns ein zu großes Wagnis darstellt?

Wir verbrämen unser Unvermögen, in moralischen Fragen diskursiv zu argumentieren, mit der Aussage, dass so der Gesetzgeber dafür sorgt, dass alle gleich behandelt werden. Hier ist wieder der ausgeprägte Wunsch nach Gleichheit, nach Reih und Glied, am Werk. Niemand soll ausscheren, jeder soll berechenbar bleiben. Wage ich nichts, darf der andere auch nichts wagen.

Die Gleichheit der Französischen Revolution meint die Gleichheit von Geburt an, die Berufung des Menschen, als niemandes Besitz ein autonomes Subjekt zu sein. Das bedeutet nicht, dass diese gleichen Subjekte sich nicht in Talent, Können und wirtschaftlichem Eifer unterscheiden können. Der, der es in Deutschland zu etwas bringt, ist dem Verdacht ausgesetzt, das nur geschafft zu haben, indem er den Gleichheitsgrundsatz umgangen, misshandelt oder zumindest verletzt hat. Wer »da oben« ist, hat gegen das Gebot verstoßen, nicht aus der Reihe tanzen zu dürfen.

Eine Gesellschaft, die lebendig ist, muss ihre Moral immer wieder verhandeln. Wir tun das nicht. Wir moralisieren! Das ist ein Unterschied. Unsere Moral ist erstarrt. Dass heißt nicht, dass wir Steuerhinterziehung bagatellisieren sollen, das heißt, dass jeder Rigorismus Ausdruck von Bewahrensängsten ist. Wenn in der Welt, in der sich so vieles so schnell ändert, alles schneller auf den Prüfstand kommt als früher, dann ist die Sehnsucht nach Unwandelbarem stärker als zu Zeiten, in der alles seinen Gang geht und man sich den Wandel von geistig errichteten oder echten Barrikaden herabschreit.

Dieser moralische Rigorismus blendet in seinem Furor die Barmherzigkeit aus. Unser Wunsch, die überkommene Moral für die Zukunft zu mumifizieren, gepaart mit unserem Fetisch für die Gleichheit aller im Ideal der Mittelschicht, führt dazu, dass wir Gerechtigkeit mathematisch-arithmetisch fassen und Barmherzigkeit als irrationale Komponente ausklammern.

Es lohnt sich an dieser Stelle, auf das Verhältnis von Gerechtigkeit und Barmherzigkeit zu schauen. Wenn Gott, so sagt es der heilige Thomas von Aquin im Anschluss an Aristoteles, zu 100 Prozent gerecht wäre, dann könnte er nicht barmherzig sein. Volle Gerechtigkeit schließt Barmherzigkeit aus. Barmherzigkeit ist die Fähigkeit, neben dem Recht auf die Umstände zu schauen, die eine Person zu ihrem Handeln geführt haben. Das Recht als Metrik ist nur eine, die auf das Leben eines Menschen angewandt wird. Gerechtigkeit heißt, wie schon gesagt, das Geschuldete zurückgeben. Das, was geschuldet wird, lässt sich nicht immer beziffern, abwiegen und abpacken. Und es lässt sich nicht immer vergleichen. Ein Auge für ein Auge, ein Zahn für einen Zahn. Eine so definierte Gerechtigkeit könnte auch ein Computerprogramm errechnen. Barmherzigkeit hingegen hat keinen Algorithmus.

Die Barmherzigkeit nimmt also die subjektive, empirische Wirklichkeit mit in den Blick. In der Causa Hoeneß wird dann die Frage zentral, ob es sich bei ihm um eine Form von Spielsucht gehandelt haben könnte, als er Schweinehälften im Sekundentakt tradete. Barmherzigkeit ist voraussetzungslos und ohne Maß. Sie ist sympathisch – sie leidet mit, indem sie sich in den anderen hineinversetzt.

Kann man nur mit Menschen barmherzig sein, die man persönlich kennt? Funktioniert Barmherzigkeit in der Gesellschaft, aber nicht in der Öffentlichkeit? Das ist eine interessante Frage. In unsere Helden versetzen wir uns häufig genug hinein, wenn sie noch Vorbilder sind. Wir blenden dabei die volle menschliche Realität mit allen Unzulänglichkeiten, Schwächen und Scheitern aus. Wenn uns dann das Leben auf den Boden der Tatsachen zurückholt, sind wir nicht darauf vorbereitet, Barmherzigkeit abzurufen. Und wir wollen es auch gar nicht, denn die Enttäuschung über den strauchelnden Helden ist zu groß.

Der Sadismus gegenüber dem Gescheiterten ist gleichzeitig der Masochismus gegenüber uns selbst. Denn wir wissen um unsere eigenen Verfehlungen und unser eigenes Scheitern. Der Held sollte uns eigentlich davon ablenken. Indem nun der Held selbst scheitert, steht niemand mehr abschirmend vor unserem eigenen Versagen.

Der Prominente, der in der Öffentlichkeit steht, ist mir persönlich nicht bekannt. Je weniger wir von ihm als Mensch wissen, desto abstrakter kann er, der Angeprangerte, vor uns stehen. Je weniger wir über seine Persönlichkeit wissen, umso mehr taugt er als Reflexionsboden für unsere eigenen Verfehlungen und als Sündenbock, auf den man seine eigenen Sünden, die Sünden der Gemeinschaft, aufladen kann, bevor man ihn in die Wüste schickt. Das Wissen um die Person, das Mitleid, das sich in Barmherzigkeit zeigt, ist hierbei hinderlich. Im Anprangern und Verstoßen des Helden reinigt sich die Gesellschaft selbst.

Wer sind die Menschen, die am Pranger stehen? Wir sehen nur die mediale, öffentliche Seite, das medial inszenierte Selbst. Die Entladung, die in der Öffentlichkeit erfolgt, ist eine quasi religiöse. Die Gemeinschaft versichert sich hier ihrer Regeln, für die sie absolute Gültigkeit beansprucht. Sie tut das in dem Wissen, dass sie der Moral, die dieser Auffassung von Recht zugrunde liegt, selbst nicht gerecht wird. Der Prominente wird das Opfer eines moralisierten Rituals. Die Enttäuschung über die eigenen Unzulänglichkeiten mischt sich mit der Enttäuschung über das deklassierte Vorbild. Milde lassen wir weder uns noch gegenüber dem Prominenten zu.

In einer Gemeinschaft, in der Gesellschaft und Öffentlichkeit miteinander in Einklang stehen, korrespondieren Gerechtigkeit und Barmherzigkeit miteinander. Grundlage dafür ist eine diskursive Öffentlichkeit, in der argumentiert und so Moral immer wieder auf dem

Prüfstand steht und verhandelt wird. In einer solchen Gesellschaft hat die Sanktion ein menschliches Maß. Die Häme ist nicht ständiger Begleiter, und der Pranger ist nicht der Un-Ort.

Warum richten wir den Fokus auf die Gerechtigkeit? Vielleicht liegt die Antwort in unserer Geschichte. Für die deutschsprachigen Reformatoren besteht die Größe des Glaubens darin zu akzeptieren, dass Gott nur einige wenige für den Himmel auserwählt hat. Unabhängig davon, was der Einzelne tut, seine Erwählung oder Nicht-Erwählung steht schon bei seiner Geburt fest. Das Sich-Fügen in diesen Zustand ist die Herausforderung des Lebens. Auch der, der sich bewusst sein kann, nicht zu den Erretteten zu zählen, ist aufgerufen und verpflichtet, in diesem Leben das Gute zu tun. Gott erwählt, wen er will. Der Mensch kann nichts daran ändern. Diese Sichtweise, die Luther und Augustinus teilen, kann mit einem freien Willen des Menschen ebenso wenig anfangen wie mit dem modernen Postulat, aus dem eigenen Leben etwas machen zu wollen. Vielleicht ist unsere harte Sichtweise auf die Moral unserem Protestantismus geschuldet. Vielleicht hat der Protestantismus uns gefunden. Da Augustinus, auf den sich Luther bezieht, kein Nordeuropäer war, scheidet dieser Zusammenhang mit an Sicherheit grenzender Wahrscheinlichkeit aus. Die Frage nach dem freien Willen oder der freien Verfügbarkeit meines Lebens, Selbstbestimmung oder Vorherbestimmung, ist den großen Religionen eigen.

Menschlicher Erfolg ist in der Variante der Vorherbestimmung von Gott gegeben. »Denn«, so sagt der heilige Augustinus, »wenn Gott unsere Verdienste krönt, dann krönt er nur seine eigenen Gaben.« Durchgesetzt hat sich in der Theologie die Sichtweise, dass der Mensch die Freiheit hat, das Gute zu tun oder es zu unterlassen. Die Moral ist also immer auf der Suche, das Gute zu verwirklichen.

Moral und Recht sind aufeinander bezogen, sie stehen in einem Verhältnis zueinander. In der Tugendmitte treffen sich Barmherzigkeit und Gerechtigkeit. Würde je eine der beiden zu 100 Prozent verwirklicht, würde die andere keine Bedeutung mehr haben. Gott ist aber barmherzig und gerecht. Und deshalb schlussfolgert Thomas von Aquin, dass der Schlüssel zum Verstehen des Zueinanders dieser beiden göttlichen Eigenschaften in der Tugendmitte liege. Die Tugendmitte ist für ihn der ideale Platz, wo genauso viel Barmherzigkeit wie Gerechtigkeit möglich sind. Alles außerhalb dieses idealen Zustands bringt die Verhältnisse aus dem Lot. In einem solchen Zustand ist unsere Gesellschaft zurzeit.

Das Abwägen zwischen Gerechtigkeit und Barmherzigkeit, das Suchen nach ihrer Mitte, adelt nicht einen vermeintlichen Täter, sondern die Ordnung, die Gesellschaft, die sich diese Abwägung zur Aufgabe gemacht hat. In einer solchen Ordnung bleibt der Mensch immer Mensch, er wird immer mit all dem betrachtet, was ihn ausmacht, auch seinen Unzulänglichkeiten und seinem Scheitern. Ein Überhöhen einzelner Personen, der Helden, scheint damit unmöglich zu sein.

Die Forderung nach noch schärferen Gesetzen verliert den Menschen aus dem Blick. Die Forderung, den Prominenten, den Helden, der stürzt, hart zu bestrafen, nimmt ihm das Menschliche. Es ist die Herausforderung der humanistischen Gesellschaft, in jedem ihrer Mitglieder den Menschen erblicken zu wollen.

Das schließt Pädophile ein, das schließt Asylanten ein, das schließt Sinti und Roma ein, das schließt alle ein. Wir erleben immer wieder Entgleisungen gegen die eine oder andere Gruppe. Die Forderung »Eier ab« für Pädophile ist dabei eine ebenso hässliche Erscheinung wie das Bewerfen von Asylantenheimen mit Steinen und Brandsätzen.

Mangelnde Barmherzigkeit führt zu mangelndem Mitgefühl, zu mangelnder Sympathie. Wo man die Anliegen des anderen nicht mehr verstehen kann, da werden die eigenen Interessen maximal vertreten. Gesellschaftlicher Konsens ist in einer solchen Umwelt sehr schwer herzustellen. Die erbitterten Diskussionen, die um den neuen Stuttgarter Hauptbahnhof geführt wurden, bei der sich aggressiv und streitlustig Gegner und Befürworter gegenüberstanden, wurde als Beleg dafür angeführt: Alt steht hier gegen Jung. Die Alten, die nicht so viel Geld ausgeben und jahrelang über eine Baustelle gehen wollen, gegen die Jungen, denen im Lauf ihres Lebens eine tägliche Fahrzeitersparnis mehr Lebensqualität bedeutet.

Das Eindreschen auf die Prominenten, das unbarmherzige Zurschaustellen und hämische Kommentieren ihrer Fehler ist ein sicheres Zeichen dafür, dass uns mit der Überhöhung des Lebens der anderen, durch den steten Abgleich mit unseren Nachbarn und unseren Helden, der Sinn für die Proportionen dessen verloren gegangen ist, was Menschen leisten können und was nicht. Die Überbetonung des Rechts im Sinne der Gleichheit ist ein vorgeschobenes Argument. Es verkennt die Wirklichkeit, denn nicht alle Menschen verhalten sich in derselben Situationen gleich.

Die Zuspitzung der Fälle der Prominenten, die hier im Blickpunkt stehen, die Häme, mit der ihr Scheitern begleitet wurde, hatte nie etwas mit einem Gerichtsverfahren zu tun. All das fand vorher statt. Es ist daher an der Zeit, sich an die Unschuldsvermutung zu erinnern. Die Unschuldsvermutung ist das Hoheitszeichen einer aufgeklärten Kultur, mit dem sie gegen die Barbarei der Lynchjustiz in den Kampf zieht. Bei vielen Fällen, die wir öffentlich diskutieren, müssen wir sehen, dass der zivilisatorische Schutzwall, der uns von der Finsternis der Höhlen und geschwungenen Keulen trennt, leicht und schnell abgeschliffen werden kann. Die Fassaden der Gebäude, die unsere Kultur symbolisieren, die Kirchen, Universitäten, Parlamente, Kasernen und Kneipen, mögen im Hegelschen Sinne vom besten aller möglichen Reiche sprechen, in dem die klassische Antike, das Christentum, die Renaissance und der Humanismus, ebenso wie die Aufklärung und der Parlamentarismus, die Friedensbewegung, der Umweltschutz und das Reinheitsgebot den Ton angeben. Hinter den Fassaden haust aber bisweilen ein Mensch mit einem Horizont, der den eines primitiven Höhlenmenschen nicht übersteigt. In einer Gesellschaft, in der die Unschuldsvermutung nicht mehr gilt, ist der Willkür Tür und Tor geöffnet. Es kann nach Herzenslust denunziert werden.

In einem solchen Umfeld ist die Lust, sich mit großen Ideen aus dem Fenster zu lehnen, gering. In einer Gesellschaft, in der Diskurs durch Ressentiments und Tabus ersetzt wird, bleibt man so lange, wie es geht, in Deckung. Einen sozialen Zusammenhalt, Sympathie, gibt es hier nicht mehr. Da sind wir angekommen. Das ist bitter.

IDENTITÄT

Unsere moralischen Überzeugungen, mit denen wir unser Zusammenleben konfigurieren, sind Teil unserer Identität. Unsere Identität besteht aus vielen Komponenten. Die Werturteile, nach denen wir uns richten, wenn wir etwas tun oder lassen, sind ein wesentlicher Teil davon. Sie sind Teil des eigenen Handelns, das wir im Laufe unserer Erziehung ausprägen. Unsere Eltern und Großeltern prägen uns. Wir sind ihren Werturteilen voll ausgesetzt. Im Laufe der Adoleszenz distanzieren wir uns von vielen Elementen dieser Erziehung, um dann, im Alter von Anfang bis Mitte 30, wenn man seine eigene Familie gründet, zu merken, wie viel davon sich in uns selbst wiederfindet.

Werturteile können zu Vorurteilen werden. Mit Vorverurteilungen schützt man sich vor allzu großer Differenzierung. Sie erleichtern die Einordnungsarbeit. Wenn die großen Übersetzungseinrichtungen einer Gesellschaft, ihre Medien, nicht in ausreichendem Maße ihrer Aufgabe nachkommen oder wenn diese Medien in den Ruf geraten, die Dinge nicht ausgewogen darzulegen, dann haben Vorurteile Konjunktur. Das Vorurteil grenzt sozial ab. Die eigene Identität entsteht in der ständigen Betrachtung des anderen im Schutz der eigenen Gruppe. Ein Vorurteil entsteht gegenüber denjenigen, die sich den Werturteilen einer Gruppe nicht anschließen.

Die größte soziale Gruppe in Deutschland ist die Mittelschicht. Ihre Erfahrungen konserviert sie nun in der vierten Generation nach dem Krieg und kodifiziert sie in Werturteilen und Vorstellungen, die für all diejenigen maßgeblich werden, die dieser Gruppe angehören möchten.

In der Beständigkeit der Werturteile, die die Urgroßeltern an die Großeltern, die Großeltern an die Eltern und die Eltern an ihre Kinder weitergeben, liegt der Reiz der Werturteile der Mittelschicht. Beständigkeit bedeutet Verlässlichkeit. Der Kodex des Zusammenlebens ist gesetzt, decodierbar für jeden Angehörigen dieser Gruppe. Das heißt, die Kenntnis der Verhaltensregeln und der eigenen Sprache ermöglicht den Zugang zu dieser Gruppe. Die Werturteile dieser Mehrheit gelten auch für die, die der Gruppe nicht angehören. Ihr Erfolg oder Misserfolg im Leben wird an den Maßstäben der Mittelschicht gemessen: wie gepflegt jemand aussieht, mit welchem Benehmen er auftritt, wie er spricht, welche Ausbildung er hat, welchen Partner er heiratet, wie die Kinder erzogen werden.

Die Werturteile sind das Ergebnis, das Resultat der Moral, ihre angewandte Seite. Die Vorurteile dienen zur Abgrenzung gegenüber denen, die sich nicht an diese Werturteile halten, oder jenen, die nicht zur eigenen Gruppe gehören. Vorurteile beziehen sich dementsprechend auch auf Merkmale, die eine Großgruppe – hier die Mittelschicht – nicht teilt: Hautfarbe, Religion, sexuelle Orientierung. Aus diesen Merkmalsvorurteilen ergeben sich soziale Vorbehalte: gegenüber den Bewohnern bestimmter Stadtteile, gegenüber Menschen einer bestimmten Herkunft, gegenüber Angehörigen einer bestimmten Berufsgruppe.

Zu unserer Identität gehört auch das Verhältnis zu denen »da oben«, das Vorurteil, dass es da oben nicht mit rechten Dingen zugehen kann. Die Mechanismen des Zusammenlebens außerhalb der Mittelschicht – sei es in einem gesellschaftlich verstandenen Oben oder Unten – sind dort nicht bekannt und daher mit dem Vorurteil belegt.

DIE LITURGIE DER ÖFFENTLICHKEIT

Die Öffentlichkeit hat eine eigene Liturgie. Das sind Abläufe, nach denen sie ihr Miteinander kodifiziert und für ihre Mitglieder programmatisch anschlussfähig macht. Es ist eine Liturgie der Mittelschicht. *Liturgeia* aus dem Griechischen bedeutet Dienst an der Gemeinschaft. Ihre Aufgabe ist es, die Identifikation der Gruppe zu stärken. Die Liturgie zeichnet sich durch Wiedererkennung aus. Es ist ihr großer Triumph, in einer stets und sich schnell wandelnden Welt ein Anker, der Hort des Bekannten und Erprobten sein zu können. Sie ist die äußere Form, die die Werturteile und Vorurteile einer Gesellschaft vermittelt. Ihr Ablauf besteht aus bestimmten Reaktionen, Gesten und Aussagen, die gegenüber Angehörigen anderer Gruppen getätigt werden.

Diese Liturgie findet sich in den öffentlichen Vollzügen: Auf ihrer Grundlage wird beim Bäcker gesmalltalkt und in den Talkshows gefragt. Der Small Talk basiert auf Werturteilen, die zwischen Bäcker und Kunden als einvernehmlich gelten, und die Fragen, die der Moderator seinen Gästen stellt, entsprechen der Erwartungshaltung der Studiogäste und der Fernsehzuschauer. Die Kommunikation, die wir tätigen, unsere

Handlung in sprachlichen und nonverbalen Bezügen folgen Schemata, die wir als Teilnehmer einer Diskursgemeinschaft verstehen können.

Wie wir unsere Helden behandeln, folgt ebenfalls einem Schema. Ein vermeintlicher skandalöser Sachverhalt wird in der medialen Öffentlichkeit platziert. Vermeintlich, weil es sich in all den Fällen, die wir hier im Blick haben, zuerst um Vermutungen und unbewiesene Tatsachen gehandelt hat. Die Medien multiplizieren die erste Nachrichtenmeldung, und am Ende des ersten Tages sind alle Medienkanäle voll davon. Der Fall wird Thema der Abendnachrichten und der Tageszeitungen des nächsten Tages. Damit ist es gesetzt und wird in den kommenden Tagen, vielleicht sogar Wochen nicht aus den Top-Nachrichten verschwinden. Da alle über den Fall berichten, wird das Berichten berichtenswert. Auf die Art und Weise scheint es nicht nötig, die nachrichtliche Relevanz durch sich erhärtende Indizien zu belegen. Stattdessen wird aus der Quantität und der Ubiquität, also der Omnipräsenz des Falles, auf seine Relevanz für die Medien geschlossen. Das hat den Vorteil, dass man auf die Unschuldsvermutung, die gilt, solange sich Indizien nicht erhärten, Anklage erhoben, ein Prozess eröffnet, verhandelt und schließlich ein Urteil gesprochen ist, nur am Rande oder überhaupt nicht verweisen muss. Dass alle darüber sprechen, macht die Nachricht.

Damit alle weiter darüber sprechen, wird der Fall über seine aktuelle, faktenbasierte Komponente hinaus weitergedreht. Die Menschen interessiert das, die Klickzahlen und die Verweildauer schnellen in die Höhe. Über die wirtschaftlichen Rahmenbedingungen von

Medien und die Lieblingsgeschichten von Medienkonsumenten haben wir bereits gesprochen. So verstärkt sich in einer Spirale aus Interesse der Öffentlichkeit am Leben und Scheitern ihrer Helden und der angenommenen nachrichtlichen Relevanz die Lautstärke und Wut, mit der über einen Fall berichtet wird.

Jede Talkshow am Abend ist dann eine Entladung im Cannettischen Sinn. Die Öffentlichkeit versammelt sich um das Feuer, das die Medien entzünden. Das Lagerfeuer wärmt, stützt die eigenen Vorurteile, stärkt dadurch die eigenen Werturteile und somit die Identität. So wie der Held in seiner Glorie Menschen zusammenführt, so bringt er sie auch in seinem Absturz zueinander. Das ist das liturgische Element dieses Prozesses: das Zusammenführen und Bestärken der Masse.

Am Ende von Patrick Süßkinds *Parfüm* essen die Anwesenden den Protagonisten des Romans. Das Buch schließt mit den Worten »Sie hatten zum ersten Mal etwas aus Liebe getan«. So abwegig es klingt, Süßkind bestätigt hier Cannetti, der davon spricht, wie sehr das Aufessen, Zermalmen, Verdauen und Ausscheiden des Gegners (gemeint ist das Tier, das man zuvor gejagt hat) unsere Idee von In-Besitz-Nahme, Besiegen und Vernichten spiegelt. Mit Menschen, die zu unseren Gegnern werden, unseren Helden, die wir an dieser Stelle des öffentlichen Prozesses nur noch jagen, machen wir es genauso. Wir erlegen und verzehren sie. Am Ende scheiden wir sie aus.

Unseren literarischen und religiösen Heldenfiguren ergeht es ähnlich. Auch sie erleiden viel, werden von der Masse missverstanden, verfolgt, ausgestoßen oder gar getötet. Hussein, dem Enkel des Propheten Mohammed, ist es so ergangen. Jesus von Nazareth wird verraten, gefoltert und gekreuzigt. Die historischen Erzählungen vom Leben und Scheitern der Helden wechseln in ein gutes Ende: Aus Husseins Tod erwächst eine eigene islamische Konfession, die Schia. Aus Jesus von Nazareth wird Jesus Christus. An den auferstandenen Zimmermannssohn, an seine Predigt vom Himmelreich und vom gelingenden Leben zuvor auf Erden glauben noch heute hunderte Millionen Menschen.

Zur Liturgie der Öffentlichkeit gehört noch ein weiterer Aspekt: Das Leben der Helden wird in stilisierter Weise wiedergegeben. Auch hierin ähneln unsere Helden denen aus der Geschichte. So wie die Bücher und Schriften, die von ihnen reden, sich an Menschen wenden, die diese Helden nie kannten, so kennen auch wir das Leben unserer Prominenten nicht. Wir treffen sie nur in den Medien, die die Öffentlichkeit uns zur Verfügung stellt. Diese idealtypischen Erzählungen sind in Formate gekleidet, die wir verstehen, auch ohne die Betreffenden zu kennen. Es sind Verdichtungen und Verkürzungen.

Nehmen wir den Film *The Social Network*, der die Entstehung von Facebook und das Leben des Gründers Mark Zuckerberg zum Thema hat. Der Plot geht so: Die Geschäftsidee entsteht – der Gründer erfährt Widerstände – die Idee setzt sich durch – das große Geld kommt, und eine immerwährende Party beginnt. Diese vereinfachte Darstellung stellt die Leitplanken für unser Verständnis vom Internetmillionär auf. Er sitzt auf bunten Sesseln, spielt mit Lego-Bausteinen und wird dabei reich. Stimmt, irgendwo programmieren noch ein paar dicke Jungs im Keller, fressen dabei Chips in sich hinein und trinken literweise Cola. Dass es von der Idee bis zum Erfolg etliche Jahre dauern kann, dass auf ein erfolgreiches Start-up 999 kommen, die nicht für etliche Millionen gekauft werden, das wäre zu komplex für unsere heutigen Erzählformen.

Irgendwo in den Garagen unserer Vorstadtsiedlungen programmiert gerade die nächste Generation vor sich hin oder tüftelt an der Lösung schwieriger Problemen wie einer sauberen Trinkwasserversorgung oder an Heilmitteln gegen Alzheimer und Krebs. Irgendwo auf einem Sportplatz trainiert an einem Fußballtor oder unter einem Basketballkorb ein neues Ausnahmetalent, das in allen Zeitzonen Menschen faszinieren und für Sport begeistern wird. Irgendwo an einem alten Klavier, abgestellt in der hintersten Ecke des Kellers, spielt ein vierjähriges Mädchen Melodien nach, die es im Fernsehen gehört hat.

DER RESPEKT

Die Briten stehen in dem Ruf, von einer ausgewählten Höflichkeit zu sein. Das buchstäbliche Sprechen über das Wetter gibt ihnen die Möglichkeit, über ein Thema im Austausch zu sein, ohne etwas Persönliches preisgeben zu müssen. Zum Wetter hat jeder eine Meinung. Der Small Talk wird nicht verfänglich. Der Angesprochene muss nicht fürchten, dass Wissenslücken im Gespräch erkennbar werden, und der Sprecher muss nicht fürchten, ein für den anderen unangenehmes Thema zu berühren. Beim Sprechen über das Wetter vermeidet man zudem das Sprechen über andere Menschen. Die Gesprächspartner halten sich voreinander auf Abstand in einer Weise, die man höfliche Distanz nennen kann. Der Small Talk ist von Respekt geprägt.

Was meinen wir mit Respekt? Der Philosoph und Internetkritiker Byung-Chul Han schreibt in seinem Essay *Im Schwarm* dazu: »Das lateinische Verb *spectare*, worauf Spektakel zurückgeht, ist ein voyeuristisches Hinsehen, dem die distanzierte Rücksicht, der Respekt (*respectare*) fehlt. Die Distanz unterscheidet das *respectare* vom *spectare*. Eine Gesellschaft ohne Respekt, ohne Pathos der Distanz, führt in die Skandalgesellschaft.«[4] Unseren Umgang miteinander beschreibt diese Zusammenfassung treffend. Byung-Chul geht allerdings davon aus, dass das Internet diese Entwicklung erst ermöglicht hat. Ich würde sagen, das Internet gibt dem Zusammenhang, der unserer gemeinsamen Beobachtung zugrunde liegt, neue Instrumente an die Hand. Maß und Geschwindigkeit von Respektverlust beschleunigen die Prozesse, die in eine Häme-Gesellschaft münden. Wo keine Zeit mehr zum Reflektieren bleibt, zum Abstandnehmen von den Ereignissen, werden die Reaktionen auf Skandale schriller und die Forderungen krasser. Denn die lautstarke Maschinerie, die durch den digitalen Wandel im Medienbereich mehr Informationen zu haben vorgibt, vernebelt die Urteilsfähigkeit dahingehend, dass eben zu einer Urteilsfindung Abstand und der Verzicht auf eine Vorverurteilung nötig sind.

In einer Gesellschaft, in der der Abstand zwischen Menschen restlos verbaut ist, gibt es keinen Puffer mehr, der das Hervortreten niederster Instinkte filtert. Neid und in seinem Gefolge die Häme sind solche Affekte, die man sich in gesitteten Gesellschaften in keiner Weise öffentlich erlaubt. Bei uns gehört die hämische öffentliche Begleitmusik zum Fall eines Helden dazu wie die Geigen zur Kussszene in einem Liebesfilm. Die gesellschaftliche Verrohung ist daran abzulesen, wie unverschämt man auf das Leben von anderen blickt und zu einem Urteil kommt. Das betrifft nicht nur die Helden; sie sind hier nur eine Schablone. Das rasch gefällte Urteil hält in alle zwischenmenschlichen Verhältnisse Einzug. Nachdem sie in der Öffentlichkeit salonfähig wurde, konnte die Häme in einem Siegeszug in die Gesellschaft einziehen. Einmal dort einmarschiert, war es ihr möglich, ihr zersetzendes Werk fortzusetzen und die ganze Gesellschaft damit zu infizieren.

Abstand und Respekt gehören zu liberalen Gesellschaften. In den USA gibt es die Sentenz, am Tresen nicht über Religion und Politik zu diskutieren. Es könnte die Umsitzenden belästigen. Der Takt gebietet es, mit emotionalen und sensiblen Themen sparsam zu sein, wenn man in der Öffentlichkeit ist. Hierbei wahrt man auch einen Abstand, wenn man dem Gegenüber im Sprechen Respekt zollt. Die in den USA übliche Anrede mit dem Vornamen, ein weit verbreiteter Irrtum in Deutschland, bedeutet nicht gleichzeitig »du«, sondern ist ein »Sie«, allerdings mit Vor- und nicht, wie bei uns üblich, mit Nachnamen. In der Synchronisation US-amerikanischer Blockbuster hören wir häufig, völlig zu Recht, ein »Sie«, wo wir, wenn wir das Original schauen, ein »du« zu erkennen glauben.

Die Deutschen pflegen den Satz, wenn es um das Duzen oder Siezen geht, dass man leichter »Du Arschloch« als »Sie Arschloch« sage. Dieser Zusammenhang ist alles andere als zwingend. Dass er bis auf den heutigen Tag hergestellt wird, zeigt, dass wir schwer in der Lage sind, in abgestufter, harmonischer Form Distanzen abzubauen, ohne dabei distanzlos vorzugehen.

Wo der stufenweise Abbau von Distanz beherrscht wird, ist es schwerer, distanzlos zu sein. Das ist vielleicht eine Begründung dafür, dass im Vereinigten Königreich ebenso wie in den USA im Gespräch zwischen Menschen genau diese Distanz gewahrt wird, die Medien dafür aber umso lauter schreien müssen. Die Vorgehensweise der britischen Boulevardmedien ist ebenso krass wie die Einlassungen von rechten oder linken TV-Moderatoren in den Vereinigten Staaten. Die Polarisierung der Öffentlichkeit, die durch die Medien entsteht, wirkt sich auch in diesen beiden Ländern am Ende auf die Befindlichkeiten der Gesellschaft aus.

Man kann die Rede von Distanz und Respekt sogar noch überhöhen. Die Häme entsteht, wie bereits gesagt, in Kontexten, wo die Würde der einzelnen Personen nicht mehr uneingeschränkt geschützt wird. Das sind Kontexte, in denen die Schuld des einen als stellvertretend für die Verfehlungen aller gilt, wo also eine Ent-Personalisierung stattfindet. Wir haben dieses Stadium bereits erreicht, die Fälle Brüderle, zu Guttenberg, Hoeneß, Kachelmann, Türck, Schavan, Wulff, Zumwinkel belegen es. In der Höchstphase des in der medialen Öffentlichkeit ausgebreiteten Skandals gibt es keine Distanz mehr: Das Reihenhaus wird aus allen Winkeln abfotografiert (Wulff), über eine mögliche Spielsucht wird debattiert (Hoeneß), eine Ehe wird torpediert (Brüderle).

Wir sind zu enthemmten Voyeuren geworden. Ein Held, ein Prominenter, soll sich damit abfinden. Er steht in der Öffentlichkeit und ist deshalb ein Held. Er muss, so sagt es die Öffentlichkeit, mit diesem Voyeurismus leben. Das sei der Preis des Helden, des Prominenten, des Berühmten. Wir müssen uns über diesen behaupteten Zusammenhang Gedanken machen. Berühmt ist man für eine Idee, die man ins Werk setzt, für den Film, bei dem man Regie führt oder die Hauptrolle spielt, für das Stück, das man komponiert oder als Solist vorträgt, für das krasse Tor, das man schießt, für das Buch, das man geschrieben oder die Erfindung, die man gemacht hat. Ein berühmter, prominenter Mensch wird man dann zu Recht, wenn man das Leben der Menschen verändert. Menschen als Mensch sollten nicht als Helden verehrt werden. Sie brechen mit dem alten Heldenideal, das, wenngleich auch immer medial vermittelt, den Helden am Ende seiner Geschichte zum Helden gemacht hat und nicht am Anfang oder auf jeder seiner Stationen! Unsere Helden müssen ihr Heldsein heute in Echtzeit unter Beweis stellen. Echtzeitheldentum gibt es aber nicht. Leben ist immer Verlauf. Wenn man immer hinschaut, gibt es keine Distanz mehr und ohne Distanz keine Helden. Es gibt also keine Helden mehr.

UNSER NARRATIV

Unsere historischen Heldenvorbilder haben den Narrativ ganzer Epochen geprägt. Wir haben keinen Narrativ mehr. Erzählen wir mit unseren Heldengeschichten etwas? Mit ihrem Aufstieg und Fall. Kommt nach dem Fall noch etwas, oder stürzen sie ins Nichts? Sind wir eine nihilistische Gesellschaft, eine apathische? Das wäre der Gegenpol zu einer barmherzigen Gesellschaft, deren Mitglieder zur Sympathie fähig sind.

Die Helden-Epen der Vergangenheit haben die Epochen, in denen sie entstanden, überlebt. Zu glauben, dass man das, wie wir heute unsere Helden sehen, auch noch in vielen Generationen lesen oder sehen kann, ist daher nicht ganz abwegig. Im Angesicht der Geschichte stehen dann wir vor dem Tribunal und nicht unsere Helden der Gegenwart. Wie sind wir mit ihnen umgegangen? – Wenn von der Mittelschicht nichts überdauert haben sollte, wird diese Frage unsere Nachfahren immer noch umtreiben. Denn so wie es in der Vergangenheit galt, in der Gegenwart noch richtig ist und für die Zukunft gültig bleibt: Der Narrativ einer Gesellschaft wird an ihrem Umgang mit ihren Vorbildern deutlich.

Jede Zeit prägt ihre eigenen Heldengeschichten aus.

In der ersten Hälfte des 20. Jahrhunderts wurden Comic-Helden geboren. In der zweiten Hälfte, in der Zeit des Kalten Krieges, manövrierten Helden wie James Bond über die Leinwände. Wer werden die Helden unserer Zeit, des digitalen Zeitalters? Ein Eduard Snowden könnte es werden. Oder ein Steve Jobs.

Politische Entscheidungsträger waren zu allen Zeiten auch ein Teil jener Helden-Walhalla, an die sich kommende Generationen zu erinnern pflegten. Ihre Namen hallen wider: Cäsar, Karl der Große, Friedrich Barbarossa, Saladin, Fatih Mehmet der Eroberer, Karl V., Kardinal Richelieu, Kennedy, Nelson Mandela. Für das Deutschland der Gegenwart, für unser Selbstverständnis, gilt das sicher für die beiden Nachkriegskanzler Konrad Adenauer und Willy Brandt.

Die genannten Helden, seien sie aus dem gesellschaftlichen Teilbereich des Politischen oder aus einem anderen, sind immer verknüpft mit bedeutenden Ereignissen und großen Ideen. Konrad Adenauer steht für die Westanbindung, Willy Brandt für die Ostpolitik. In der Tagespolitik ihrer Zeit wurden diese großen Linien, die ihre Ideen offenlegten, sicher nicht sichtbar. Erst im Nachhinein kann man ihr politisches Wirken bewerten. Sie selbst formen in ihrer Person einen Narrativ für die gesamte Gesellschaft. Sie verknüpfen ihr persönliches Geschick mit dem Erfolg einer bestimmten Idee, die sie verfolgen. Welche Narrative prägen unsere Helden heute aus beziehungsweise lassen wir sie heute Narrative entwickeln?

Mit den Politikern des Europas der Nachkriegszeit war der Narrativ der Europäischen Einheit verbunden. Am Anfang stand eine große Vision. Die Erzählung von Frieden ist nach wie vor aktuell. Gleichzeitig wird nach einer Weiterentwicklung dieses Narrativs gesucht. Er soll in Verbindung mit Solidarität, Wohlstand und sozialer Sicherheit stehen. Es geht um Arbeitsplätze für junge Menschen, vor allem in Südeuropa. Die nötige Kraftanstrengung ist bisher ausgeblieben. Solidarität ist eine schwierige Vokabel in einer Gesellschaft, deren Sympathiefähigkeit abgeschmolzen ist. In einer Gesellschaft, in der sich Menschen auf sich selbst zurückziehen, hat Freigiebigkeit keine Konjunktur.

Solidarität benötigen wir auch, um auf nationaler Ebene das Zusammenleben zu organisieren. Der Länderfinanzausgleich zwischen den Bundesländern ist ein solidarisches Instrument ebenso wie der Solidaritätszuschlag, der in ganz Deutschland eingeführt ist und die Kosten der Deutschen Einheit refinanzieren soll.

Nach dem Krieg, als eine gemeinsame Aufbauleistung aller in Europa nötig war, haben die Deutschen durch diese Solidarität wieder einen Platz zurück in die Gemeinschaft gefunden. Innerhalb Deutschlands gab es ein zweifaches Gefälle: Die armen bäuerlichen Regionen haben ebenso vom Finanzausgleich profitiert wie die Neuen Bundesländer von der Einheit.

In beiden Fällen gibt es Akteure, die nun rechnen und sagen, dass das, was einst erhalten wurde, wieder zurückgeflossen sei. Wir haben weiter oben gelesen, dass sich Beziehungen zwischen Menschen nicht in einem »*do ut des*« erschöpfen, in einem »Eine Hand wäscht die andere«. Die Zugehörigkeit zu einer Gemeinschaft wird als Schuldzusammenhang begriffen, als größere Einheit, die über einen konkreten, utilitaristischen Zusammenhang hinausreicht. Im Falle der Familie wird die Schuld, so David Graeber, nicht Thema. Die Generationen erleben im Fortgang der Zeit die Solidarität, die sie selbst einmal gegeben haben. Der Schicksalszusammenhang, der zwischen Angehörigen derselben Sprache oder derselben Geschichte angenommen wird, sei es ein europäischer und in ihm ein deutscher Zusammenhang, lässt sich nicht durch opportunistische Arithmetik von Ein- und Auszahlungen darstellen.

Oder ist unser Narrativ etwa ein ökonomischer? Wir haben uns daran gewöhnt, unsere Handlungen und Lebensvollzüge unter einen ökonomischen Vorbehalt zu stellen. Alle Bereiche unseres Lebens müssen sich vor ihm rechtfertigen. Der Schuldzusammenhang wird somit weg von überzeitlichen Konstellationen herabgebrochen auf Belange von Nützlich- und Berechenbarkeit. Dieser Narrativ erfasst unser Leben nicht, weil er das Leben rational beschreiben will, wo es nicht rational ist.

Solidarität ist eine Tugend, die sich nicht nach rationalen Kriterien messen lässt. Sympathie auch nicht.

DAS RUDER HERUMREISSEN

Die Bestandsaufnahme ist absolut und vernichtend: Die Häme hat unseren sozialen Zusammenhalt zerstört, aufgefressen. Es gibt keinen Puffer mehr, keinen Kitt. Wir sind entblößt, wir können unsere Emotionen nicht mehr steuern. Das Feuer, das in der Öffentlichkeit auf den Pranger eröffnet wird, ist letal. Wir sind nicht mehr zum Ausgleich fähig, zum Diskurs. Wir missgönnen den anderen das ihre und sind so zu Maximalvertretern unserer eigenen Interessen geworden. Wir nutzen den Schutz unserer eigenen gesellschaftlichen Mikroschicht, aber nur so lange, wie er uns nützt. Am Ende berechnen wir alles und unterwerfen es einem ökonomischen Diktat. Einen größeren und weiteren Zusammenhang zwischen uns und den Bezugsgrößen, die uns zu dem gemacht haben, was wir sind, schätzen wir nicht mehr. Im digitalen Zeitalter leben wir in Echtzeit, wir sind permanente Voyeure. Es gibt aber keine Echtzeithelden, niemand kann immer, ausschließlich und dauerhaft ein Held sein. Es gibt keine Helden, keine Vorbilder mehr, die den neuen Kriterien gerecht werden.

Die Folge ist der Rückzug auf uns selber. Jeder für sich versucht, sein Leben in kleine, utilitaristisch gestaltete Erfolge zu unterteilen. Wir brauchen so kei gesellschaftliche Vision mehr – und auch keine Vision mehr für unser Leben. Unter diesen Umständen brauchen wir auch keine Helden mehr. Prominente stehen in der Tradition der Helden; ihr Scheitern bestätigt uns Zynikern, dass wir keine Helden mehr brauchen. So trauen wir uns das nicht zu sagen und erklären vielmehr, dass unsere Helden, unsere Eliten, uns enttäuschen. Der Zynismus, der aus unserer Vereinzelung und Einsamkeit spricht, erklärt die krasse Häme. Wir müssen also diesen Kreislauf aufbrechen. Wir müssen den Primat des Ökonomischen brechen, wir müssen unsere Moral wiederbeleben, wir müssen die Verhandlung, die Debatte beginnen, wie wir leben möchten, und wir brauchen einen neuen Heldentypus. Was wir brauchen, lässt sich in den folgenden neun Punkten zusammenfassen.

1. Ein neuer Begriff von Mittelschicht

Die These dieser Streitschrift ist, dass sich der unbarmherzige Umgang mit unseren Helden auf alle Bereiche unseres Zusammenlebens ausgeweitet hat und weiter ausweiten wird. Wir bemerken und beklagen ja heute schon an verschiedenen Stellen, dass der gesellschaftliche Zusammenhalt nachlässt. Wir behaupten, dass die Schere zwischen Arm und Reich immer weiter auseinanderklaffe. Wir sagen, dass die Familie als kleinste solidarische Einheit der Gesellschaft ihre Bindekraft verloren habe und zerfalle. Wir beklagen, dass die Bindung an die Institutionen, die die Gesellschaft zusammenhalten, an die Kirchen, die Parteien, die Sportvereine und Gewerkschaften nachlasse.

All diese Beobachtungen stimmen und sind messbar. Doch die Ursache für dieses Auseinanderdriften ist uns nicht bekannt. Wir führen Gründe an, wir verweisen auf die Umstände. An uns liegt es jedenfalls nicht! Es liegt an der Zerstörungskraft des Kapitalismus, der ungerechten Globalisierung, der Aggressivität der Russen, dem Imperialismus der Amerikaner, der Verlogenheit unserer Eliten. Meist werden Gründe angeführt, die außerhalb von uns selbst liegen, Umstände. Umstand Nummer eins ist der Kapitalismus und seine ausufernde, den Menschen verschlingende Variante, die wir mit dem Stichwort der Globalisierung seit dem Beginn der 1990er-Jahre des vergangenen Jahrhunderts einherschreiten sehen.

Schuld an allem tragen gierige Menschen. Die Gier nach mehr Profit. Das schweißt die »da oben« zusammen, die Gewinner der Globalisierung mit den Gewinnern der Finanzkrise, mit den Banken. Sind die anderen immer nur gierig, ist also ihr Charakter stets und ständig nur von Gier geleitet? Die Rückfrage muss erlaubt sein: Sind alle, die geizig sind, immer geizig? Sind wir immer hämisch? Wir maximieren und vergotten selbst Todsünden, den Neid, den Geiz. Die »da oben« haben ihre eigene Todsünde, die sie verabsolutieren, die Gier nämlich. Wie unangemessen die Maximal-Negativbenennung der anderen »da oben« ist, tritt dann besonders zutage, wenn man umgekehrt spricht: Die »da unten« sind nur von Neid und Geiz geprägt. Wer will sich schon mit denen abgeben? Die können nicht gönnen.

Wir, die Vertreter der Mittelschicht, würden abwinken und sagen: Nein, so sind nicht alle von uns. Diese Gegenüberstellung zeigt: Die schablonenhaften Zuschreibungen sind nicht aussagekräftig. Ein Mensch ist nicht nur schlecht, genauso wenig wie er nur gut ist. *Simul iustus et pecator.* Er ist hin- und hergerissen zwischen seinen Leidenschaften, und zwar jeder, der Held und der Normale. Eine künstliche Setzung wie die Öffentlichkeit ändert nichts daran.

In den Erzählungen der Helden vergangener Epochen gab es Licht und Schatten, Sieg und Niederlage, Versuchung und Verheißung. Wir haben ihr Leben vom Ende her betrachtet, Bilanz gezogen. Wir haben uns mit ihnen versöhnt, am Ende, wo sie den guten Kampf gekämpft und trotz aller Widrigkeiten gewonnen haben. Die Helden der Vergangenheit waren zwar nicht wie wir, aber wir wollten und konnten uns am Ende mit ihnen identifizieren.

Wollen wir hämische, neidische Helden? So wie es aussieht, nicht. Wollen wir also im Befriedigen unseres Voyeurismus eine heile Welt sehen? Die Mittelschicht muss sich, bevor sie über ein neues Heldenideal nachdenkt, über das Ideal nachdenken, dem sie sich selbst verschreibt.

Mittelschicht ist dabei vielleicht schon der Kern des Problems. Nutzen wir die Analogie zum Mittelalter. Es ist die mittlere Zeit, die zwischen der Antike und der Renaissance liegt. Das Attribut »finster«, das gerne in diesem Zusammenhang verwendet wird, zeigt die Stimmung der Renaissance, die sich definiert als zurück zu den Quellen »*ad fontes*«; gemeint sind die antiken Quellen der Rhetorik, der Kunst, der Politik, der

Literatur. Das Mittel-Alter ist die finstere Phase zwischen zwei Epochen, die eigentlich zusammengehören.

Weist die Mittel-Schicht in ähnlicher Weise über sich hinaus? Erwächst aus ihr etwas Neues, oder ist sie nur ein Zwischenstadium zwischen zwei Phasen? Welches ist dann der Vorläufer der Mittelschicht, dessen Zwilling der ist, der die Mittelschicht überwinden wird?

Die Mittelschicht muss versuchen, sich selbst nicht mehr als »mittel« zu bezeichnen. Aus mittel folgt mittelmäßig. Wer sich so auf sich bezogen einrichtet, der entfacht keine Innovationskraft. Er ist vielmehr damit beschäftigt, den Status quo zu erhalten und zu bewahren. Er schaut besonders kritisch auf die, die die herrschenden Zustände ins Wanken bringen könnten: die Nachbarn, deren Kinder, die Künstler, die Erfinder, die Literaten. Mittelmaß möchte keinen Wandel. Mittelmaß möchte keine Exzentrik und keine Avantgarde. »Keine Experimente« – der Wahlkampfslogan aus der Adenauer-Ära ist die Hymne einer ängstlichen Mittelschicht, die aus der Angst heraus Wandel ablehnt und die neidisch auf die reagiert, die in einer anderen Weise leben möchten, und dann hämisch frohlockt, wenn die anderen scheitern.

Wenn man schon sozial differenziert, was man in der Mittelschicht sehr behände tut, dann nach Begabungen und Potenzial. Warum denn nicht?

2. Liebe zur res publica

Die *res publica* meint die öffentliche Aufgabe. Aus der lateinischen Antike kommend ist sie eine politologische

Vokabel. Eine vermittelte Öffentlichkeit gab es auch schon bei den Römern. Was ist die öffentliche Angelegenheit? Es geht um das Ziel, dessentwegen die vielen Glieder überhaupt zu einer Gesellschaft verschmelzen. Hier gibt es formale und materielle Aspekte. Zuerst zu den formalen: Unter formal versteht man die Bedingungen der Möglichkeit der Mitglieder einer Gesellschaft, zu interagieren. Die »da unten«, die »da oben« – wie vertreten sie jeweils ihre Interessen, wie wird der Diskurs geführt, und wie wird schließlich Herrschaft ausgeübt, in Form von Gesetzen, in Form von Gerichten? Die Patrizier und die Plebejer, frei übersetzt der Adel und das Volk, geraten, so die Geschichte, aneinander. Die Plebejer fühlen sich vom Adel herabgesetzt und verlassen kurzerhand die Stadt, um den Patriziern zu zeigen, dass ihr Gemeinwesen ohne das Arbeiten und Tun des Volkes nicht funktioniert. Die Patrizier schicken ihrerseits eine Abordnung zu den Plebejern, um ihnen das zu bestätigen. Das ist eine besondere Form der Diskursführung, die aber in einer bestimmten Weise auch auf unsere Situation heute angewendet werden kann.

Wir haben auf vielen Ebenen in unserer *res publica* einen Zustand, in dem die einen gegen die anderen mobilisiert werden, Politessen gegen parkende Bürger beispielsweise. Sie bekommen einen Bonus, wenn sie möglichst viele Parker aufschreiben. Sie sollen zu 100 Prozent gerecht sein und damit Kasse machen. Damit ist die Barmherzigkeit abgeschrieben, und es wird kalt. Ganz kalt. Das ist nur ein Beispiel, wie Menschen gegeneinander – durch politische Maßgabe, hier der öffentlichen Verwaltung – gegeneinander in Position gebracht werden.

Wir kennen einander nicht und apostrophieren den anderen daher in einer Weise, dass uns unser Vorgehen gegen ihn nicht mehr leid tut und wir uns nicht unbarmherzig fühlen. Politiker der einen Partei unterstellen der anderen, nur für diese oder jene Bevölkerungsgruppen da zu sein, sogenannte Klientelpolitik zu machen. Indem sich Parteien auf diese Weise mit Vorwürfen überziehen, begegnen sich auch ihre jeweiligen Wähler in Frontstellung. Wenn sich die verschiedenen Gruppen einer Gesellschaft fremd gegenüberstehen, kann man nicht mehr gemeinsam Entscheidungen für das Wohl der *res publica* treffen.

Eine Gesellschaft funktioniert nur dann, wenn man die Belange anderer Gruppen im Blick hat und mit den eigenen Interessen in Einklang bringen, versöhnen möchte. Oftmals gehört man selbst ja verschiedenen Interessengruppen an. James Fishkin ist Professor für Kommunikation und politische Wissenschaften in Stanford, Kalifornien. Sein Konzept ist die »deliberative Demokratie«. Dieses Modell geht davon aus, dass Stadt- oder Regionalparlamente, die sich in ihrer Zusammensetzung an den demografischen und sozialen Gegebenheiten ihres Geltungskreises orientieren, im Diskurs, nach einer Debatte die besten Entscheidungen treffen. Dieses Modell hat er in verschiedenen Kontexten erprobt, seiner Aussage nach mit Erfolg. Bei einer persönlichen Begegnung habe ich ihm vorgeschlagen, dieses Konzept doch mal in Berlin zur Anwendung zu bringen. Gut, er war zuvor in China und fand das vielleicht etwas spannender, weil China ein nicht-demokratischer Staat ist. Aber an deutschen Großstädten kann man gut ablesen, wie schwer es geworden ist, von den eigenen Interessen zu abstrahieren und einen Konsens zu suchen. Man denke nur an das Tempelhofer Feld, den Flughafen BER, nicht nur seine Fertigstellung, sondern den Streit darum, über welche Gegenden der Stadt künftig die Flieger donnern werden. Stuttgart21 ist ebenso ein Beispiel wie die Frage nach Flughafenerweiterungen in Frankfurt oder München.

Das Modell von Fishkin ist kein demokratisches. Die proportionale Vertretung verschiedener gesellschaftlicher Gruppen nach Rasse, Alter, Religion, sexueller Orientierung und Wohnort innerhalb einer Stadt oder einer bestimmten Region ist eine Auswahl, die mittels eines Algorithmus errechnet wird. Aber sei es drum, das Experiment lohnt sich in Gedanken, denn die aktuelle Verteilung in unseren Parlamenten ist wiederum umgekehrt so gar nicht repräsentativ für die Zusammensetzung der Bevölkerung. Wir sind hier in Deutschland zu Auslagerern geworden, unsere Moral haben wir der Politik anvertraut, teils aus Bequemlichkeit, teils aus Überforderung. Warum lagern wir das politische Geschehen und die Debatte nicht an einen Computer aus, der das Beste für die *res publica* errechnet?

Ob das funktionieren würde? Ein Algorithmus ist kein emotionales, intelligibeles Wesen. Es würde im Fishkinschen Modell über ein mathematisches Vehikel die beste repräsentative Zusammensetzung gewählt werden. Ob diese Auswahl zu Respekt, Empathie, Barmherzigkeit fähig ist, kann der Computer nicht erkennen. Wird es, wenn sich der Zustand, wie er zurzeit herrscht, verschlimmert, überhaupt noch Programmierer geben, die die Notwendigkeit von Empathie für die Diskursfähigkeit einer Gesellschaft annehmen und so eine Auswahl zusammenstellen? Für das Gelingen gesellschaftlicher Vermittlung in der *res publica* braucht es Instrumente wie eine gewählte Interessenvertretung und eine legitime Form von medialer Öffentlichkeit. Neben diesen formalen Kriterien müssen auch materielle und inhaltliche gegeben sein. Es muss Ideen geben, die die Frage beantworten: Wie wollen wir leben?

3. Freiheitsräume zurückerobern

Das Gute, wonach wir im Leben als Einzelne und als Gesellschaft streben wollen, müssen wir verhandeln. Moral wird diskursiv errungen. Die Öffentlichkeit, so wie wir sie heute kennen, bietet dafür keinen Raum. In den Talkshows werden Menschen mit Maximalforderung einander gegenübergestellt, ein Moderator sieht seine Aufgabe nicht darin, Gemeinsames herauszustellen und einen Konsens zu erwirken. Seine Rolle ist es, die Gegensätze noch schillernder zu zeichnen. Am Ende gehen die verschiedenen Meinungsparteien aufgepeitscht auseinander. Oder sie gehen gemeinsam ein Bier trinken. Man kennt sich und hat bei vielen ähnlichen Diskussionen schon auf dem Panel gesessen. Beides belegt: Es gibt keine echte Kontroverse, entweder weil sie inhaltlich nicht gewünscht ist oder weil die Akteure ihre Argumente schon so häufig gegeneinandergestellt haben, dass man, wissend darum, dass sich nichts ändert, resigniert hat und sich auf das Spiel einlässt.

Ein echtes moralisches Fragen würde nur dann fruchten, wenn wir dadurch als Gemeinschaft definierten, nach welchen Regeln wir zusammenleben wollen, was unsere Vision von einem gelingenden Leben ist. Das würde in einem ersten Schritt bedeuten, die ausgelagerte Moralkompetenz wieder zu sich zu ziehen, in die Zivilgesellschaft – unsere Freiheitsräume zurückholen. Moral darf in diesem Fall nicht mit Moralisieren verwechselt werden. Freiheit bringt es mit sich, sich falsch zu entscheiden. Fehler muss der Mensch wieder gutmachen können.

Das verlangt, dass wir ganz tapfer sind und uns eingestehen, dass wir sündige und zugleich gerechte Menschen sind. Der ehemalige CDU-Politiker und Jesuitenschüler Heiner Geißler gab einmal in einer Talkshow, unter Beifall des Publikums, bekannt, kein Sünder zu sein. Sünde sei ein spätantikes Konzept, das die Kirche den Menschen aufoktroyiert hätte. Ein angeblich sündenfreier Mensch kann nicht gerecht sein, sondern nur noch selbstgerecht. Der Schuldzusammenhang, von dem schon einmal die Rede war, greift tief in das menschliche Selbstverständnis. Ein Mensch, der für sich keine Rechtfertigung für sein Handeln akzeptieren möchte, lebt nicht frei. Und er lebt auch nicht diskursiv. In freien, demokratischen und säkularen Gesellschaften gibt es keine allumfassende, allein gültige Handlungsmaxime. Es gibt viele Ansätze und Möglichkeiten. Sie müssen diskutiert und debattiert werden.

Maßstäbe des Handelns diskursiv zu erarbeiten gilt denen als Frevel, die davon ausgehen, dass es ewig gültige Normen und Werte gibt, nach denen zu handeln sei. Ein diskursives Verhandeln relativiere diese umfassenden

Setzungen, Relativismus mache sich breit. Es bestehen zur selben Zeit immer verschiedene Auffassungen über die Bewältigung der Wirklichkeit. Das war auch in solchen Zeiten so, von denen wir heute annehmen, dass sie sich einer Definition der Wirklichkeit verschrieben hätten. Der Eindruck ist nur vordergründig richtig: Selbst dort, wo durch die Herrschaft definiert wurde, was zu glauben und wie zu leben sei, gab es unter dieser Decke der Orthodoxie und Orthopraxie immer eine Vielfalt von Varianten und Spielarten, die, mal unter größerem, mal unter kleinerem Druck von außen, bestehen konnten.

Gibt es diese ewig gültigen Maßstäbe moralischen Handelns, die nur aufgefunden werden müssten? Können wir mit den Mitteln des Verstands das Gute erkennen? Selbst der heilige Thomas ist an dieser Stelle schmallippig, wenn es darum geht zu definieren, welche Vorstellung von Gut und Böse Grundlage für das moralische Miteinander der Menschen in einer Gemeinschaft sein könnte. *Remurmurare malum et ad faciendum bonum.* Das Böse ist zurückzuweisen, das Gute ist zu tun. Für ihn ist dieses Gute durch eine göttliche Offenbarung in die Welt getreten und zugleich von der Vernunft bis zu einem gewissen Grad nachvollziehbar. Das sind die Formalia. Materiell schweigt sich der Aquinate aus. Wie wir das Gute leben wollen, muss jede Zeit für sich herausfinden und definieren.

Wichtig dabei scheint mir zu sein, dass sie das Scheitern, das, was klassischerweise als Sünde bezeichnet wurde, in diesen Tugendspiegel und ihre Vorstellung vom gelingenden Leben einbaut, denn sonst ist das Modell in den Grundannahmen schon schief und kann nur in Bigotterie und Scheinheiligkeit münden. Moralisieren hat nichts mit Moral zu tun. Helden werden erst im Tun und Unterlassen zum Helden; ein heldenhaftes Leben kann auch von Scheitern geprägt sein.

In Analogie zum Punkt »Ein neuer Begriff von Mittelschicht« gilt hier, dass wir eine neue Definition von dem benötigen, was wir mit Mittelweg und Konsens meinen. Im politischen Diskurs, in dem unsere ausgelagerte Moralkompetenz zum Tragen kommen soll, findet sich der Kompromiss als Sowohl-als-auch und nicht als Entweder-oder. In Zeiten, in denen eine Große Koalition das Land regiert, wird besonders deutlich, was gemeint ist. Die Mehrheit der Deutschen hat sich diese Konstellation gewünscht und bekommen. Das Ergebnis ist, dass, obschon SPD und Union nicht gleich groß sind, beide Partner glauben, dafür Sorge tragen zu müssen, dass möglichst viel ihrer Programmatik umgesetzt wird. Die Konsequenz davon sind die Umsetzung von je verschiedenen politischen Zielen durch ein und dieselbe Regierung. Diese Form illustriert, wie sehr wir das sachgerechte Streiten, den Wettstreit um Ideen verlernt haben. Es wird bei den Spitzenkandidaten nicht auf ihre Ideen geschaut, sondern auf ihre Halskette. Die politische Elite spiegelt hier nur das, was sich die Wähler wünschen: Konsens.

Kann es gelingen, aus dem Personen-Voyeurismus einen Ideen-Voyeurismus zu machen? Die Verhandlungen darüber, was das *bonum commune* ist, werden in den kommenden Jahren nicht weniger wichtig als in den vergangenen. Wenn verschiedene gesellschaftliche Gruppen weiter gegeneinander positioniert und in die Schlacht geschickt werden, gibt es dann kein *commune* mehr, nichts gemeinsam Verbindendes.

Noch einmal Byung-Chul: »Die Öffentlichkeit setzt unter anderem ein respektgeleitetes Wegsehen vom Privaten voraus. Die Distanznahme ist konstitutiv für den öffentlichen Raum. Heute herrscht dagegen eine totale Distanzlosigkeit, in der die Intimität öffentlich ausgestellt wird. Ohne Ab-Stand ist auch kein An-Stand möglich. Auch der Ver-Stand setzt einen distanzierten Blick voraus. Die digitale Kommunikation baut allgemein Distanzen ab. Der Abbau räumlicher Distanzen geht mit der Erosion mentaler Distanzen einher.«[5]

Deshalb kann man zu Recht sagen: Distanz und Respekt sind Garanten für ein gelingendes Zusammenleben, Häme und Neid sind es nicht. In der Häme-Gesellschaft, in der wir zurzeit leben, ist der Krieg aller gegen alle – ein Naturzustand, den wir schon längst als überwunden betrachtet haben – unausweichlich. Aus der Ungleichheit erwachsen Angst, sozialer Neid und eine ständige Furcht, durch eigenes Handeln über die anderen hinauszuweisen.

4. Die Ungleichheit als Chance nutzen

Die Orientierung am Konsens spiegelt die Fixierung auf die Gleichheit. Eine Gleichheit, die es nicht gibt, was wiederum durch den stetig stattfindenden sozialen Vergleich belegt wird. Die Sehnsucht danach, dass alle gleich sein mögen, drückt den Wunsch aus, nicht stets darauf achten zu müssen, ob der erreichte Status in Gefahr ist. Der Wunsch nach Gleichheit soll den Vorwärtsdrang bremsen. Niemand soll abgehängt, alle sollen mitgenommen werden. In dieser Forderung möchten wir uns in dem je Erreichten einrichten. Wer diese Gleichheit verlässt, dem wird der Erfolg geneidet. Er wird bei Misserfolg mit Häme überzogen. Warum die Ungleichheit nicht als Chance nutzen? Eine Aufsteigernation sein, die stolz darauf ist. Jeder, der aus den Anlagen und Begabungen, die er mitbringt, etwas macht, etwas vollbringt, ist beispielgebend. Ein kleiner Held. Am anderen Lebensentwurf schärft sich der eigene. Die Konkurrenz, die entsteht, belebt die eigene Existenz. Wie möchte ich leben?

5. Bewahren und Innovation in ein gutes Verhältnis setzen

Jede Gesellschaft muss das, was ihren innersten Kern ausmacht, wie in einer Custode verwahren und beschützen. Dem Bewahren ist ein Hohelied zu singen. Die Mehrheitsgesellschaft hat diese Aufgaben, so wie die Priesterinnen der Vesta damit betraut waren, das Feuer zu bewachen, damit es nicht erlösche.

Das Bewahren ist wichtig, denn es ist die Grundlage von Kontinuität. Kontinuität ist für jede Gesellschaft unerlässlich. Man muss verstehen, was sich von woher ableitet, was von wo seinen Ausgang nahm und wie eine Veränderung zustande kommt. Revolutionen sind das Gegenteil davon. Auf sie folgt eine Zeit des Chaos und des Durcheinander: Das war im Frankreich der Revolution ebenso wie im Deutschland der Reformation. Die Oktoberrevolution hat Russland im Chaos zurückgelassen. Auch der Fall des Eisernen Vorhangs hat viele Teile der ehemaligen UdSSR in einen Strudel gerissen, die Jasmin-Revolution in der arabischen Welt hat nicht Frieden, sondern jede Menge Durcheinander und politische Radikalität im Gepäck gehabt.

Es kann also nicht darum gehen, das Bewahren zu diskreditieren. Aber es darf den Wandel nicht ersticken oder gar unterdrücken. Innovation kommt in den seltensten Fällen aus der Mitte der Gesellschaft, aus der Mitte einer sozialen Gruppe. Albert Einstein ist nicht das einzige, sicher aber das bekannteste Beispiel für einen Innovator, der von den etablierten Vertretern seiner Zunft nicht ernst genommen und verlacht wurde. Erst als sich der mächtige Max Planck Partei für ihn zu ergreifen begann, wendete sich das Blatt für ihn.

Innovation leisten die Outsider, die Underdogs – solche, die im System scheitern würden, weil das System ihnen keine Chance gibt. Auch für unsere Gesellschaft gilt: Die Innovation kommt von den Rändern. Wir müssen als Gesellschaft ein größeres Augenmerk auf diese Innovationen lenken. Das bedeutet: weg von Menschen und den Geschichten über sie – und hin zu ihren Ideen.

In unseren Unternehmen, die hierarchisch gegliedert sind, wird der Chef sicher nicht den fördern, der ihn irgendwann einmal überholen oder vielleicht sogar ersetzen wird. Unsere Angst vor Innovation ist die Angst vor dem Verlust des eigenen Status quo. Das lähmt die Konzerne und schwächt unsere Stellung im internationalen Wettbewerb. Das Bessere ist des Guten Feind. Eigentlich ist dieser Satz die Aufforderung, besser zu werden und besser zu sein. Gebraucht wird er eher im umgekehrten Sinn: Was ich leiste, ist gut. Jemand, der besser ist, ist mein Feind.

6. Milde gegen den Sünder walten lassen

Die Beichtspiegel aller Zeiten sagen, dass Gott die Sünde verabscheut, nicht aber den Sünder. Und ein alter Merksatz sagt, dass wir nicht den Fall, also die Sünde, in den Mittelpunkt stellen sollen, sondern das Aufstehen. Die Besserung des Menschen ist es, was die christlichen Erbauungsschriften wollen. Dieses Postulat kann man selbstverständlich, wenn man das nun möchte, säkularisieren. Die Erkenntnis ist einfach wie treffend: Jeder Mensch sündigt.

Sünde meint immer eine Schuld. In der deutschen Sprache gibt es den Begriff der Sündenschuld. Das ist die Wiedergutmachungsleistung, die der Mensch zu erbringen hat. Zum einen für die täglichen Verfehlungen, zum anderen für die ganz große Nummer: den Übertritt im Garten Eden, der die ganze Schöpfung in den Strudel von Alterung und Tod getrieben hat. Über die Schuld als ein Grundgefühl menschlicher Existenz haben wir ebenfalls gelesen. Der Mensch erlebt sich in höheren Zusammenhängen, für die er Dankbarkeit empfindet. Er möchte etwas tun, um das, was ihm Gutes widerfahren ist, zu kompensieren. Das Gute, das ihm die Eltern, die Gesellschaft, das Leben, die Götter haben zukommen lassen. Meist fällt die Zuweisung der Kompensationsleistung auf die Armen einer Gesellschaft. Denn man muss kein großer Empiriker sein, um zu sehen, dass es viele Menschen gibt, denen das Leben nicht nur Gutes zugeteilt hat.

Das Fühlen einer »Schuld« – auch dieses Wort wäre vielleicht erneuerungsbedürftig – und das darauf einsetzende Handeln war für die Entwicklung von Zivilisation und Kultur elementar. Ihm verdanken wir die großartigsten Grab- und Tempelanlagen. Die schönsten Kirchen und Moscheen. Die Wohlfahrtssysteme, die Almosen. Und den geistig-geistlichen Überschuss, den es braucht, um auf Dauer eine Gesellschaft zu erhalten, die auf Sympathie und Respekt gründet.

Sünde und Schuld, das sind als Begriffe keine Werbeträger, mit denen man unsere desolate Gesellschaft restaurieren könnte. Wohl aber mit dem, was sie bezeichnen. Denn wenn wir meinen, wir hätten keine Sünde mehr, folgt daraus, dass es keine Schuld mehr gibt. Gibt es keine Schuld mehr, müssen wir auch nichts mehr kompensieren. Das öffnet dem Hedonismus Tür und Tor, und die letztendliche Konsequenz ist, dass sich bei einem Satz »Geiz ist geil« ebenso wenig Widerspruch regt wie bei Äußerungen wie »Ich sorge nur für mich«.

Der Mensch ist für seinen Mitmenschen verantwortlich. Ohne die Anerkenntnis dieses Zusammenhangs gibt es keine Gesellschaft. Die Öffentlichkeit, die ja die virtuelle Gestalt der Gesellschaft ist, spiegelt nur das, was die Gesellschaft ist. Sie verdichtet wie im Brennglas, sie beschleunigt die Geschwindigkeit oder hebt die Lautstärke. Am Ende kann eine Gesellschaft nicht nur auf die Medien schimpfen.

Es geht nicht darum, die Sünde wegzuwischen, sondern Milde walten zu lassen. Jeder von uns, auch das haben wir uns ins Gedächtnis gerufen, ist zugleich Sünder und Gerechter. Das Wort der Schrift bleibt auch für unsere Gesellschaftsform wahr: »Wer von euch ohne Sünde ist, der werfe den ersten Stein.« (Joh. 8,7) Die Steinigung als Sanktionsform ist abgeschafft – bei uns jedenfalls. Und Christus, dem dieser Satz zugeschrieben wird, sagt dies im Angesicht einer vermeintlichen Ehebrecherin – ein Vergehen, das in der Alten Welt als ein sehr übles angesehen wurde. Es geht dabei nicht um ein egoistisches »Okay, bin ich halt mal milde, damit mir beim nächsten Mal auch Milde widerfährt und ich keinen Stein an den Kopf bekomme«, sondern um ein sympathisches »Versetze dich in die Lage dessen, der hier gesteinigt werden soll. Ist das die Strafe, die wir selbstgerecht vergeben, oder sind wir nicht auch täglich, stündlich mit der Versuchung konfrontiert?« Wir wissen es, dass wir das sind, und nichts ist peinlicher, nichts versuchen wir mehr zu vermeiden, als öffentlich, von unseren Freunden, von der Familie, mit unseren Fehlern konfrontiert zu werden. Prominente hin oder her: Die öffentliche Zurschaustellung ihrer Fehler *coram publico* ist an sich schon – moralische – Strafe genug. Wenn wir uns an dieser Zurschaustellung weiden, dann sind wir eine Skandalgesellschaft, wie sie Byung-Chul beschreibt.

7. Den Pranger abbauen

Die Sozialwissenschaften sprechen es aus: Bei unseren eigenen Verfehlungen machen wir mildernde Umstände geltend, bei den Verfehlungen von anderen meinen wir, dass es an deren Charakter liege. Die Bibel kennt diesen Zusammenhang bereits. Jesus sagt: »Was siehst du den Splitter im Auge deines Bruders, aber den Balken in deinem Auge bemerkst du nicht« (Mt. 7,3). Auch hier ist die Sympathie der Schlüssel zum Verständnis. Das Mit-leiden-können befähigt uns, den Spagat zwischen der Wahrnehmung ein und derselben Sache bei uns und den anderen zu machen. Dass wir mit zweierlei Maß messen, scheint eine Herausforderung zu sein, der wir uns stellen müssen. Der biblische Autor und die moderne Wissenschaft gehen in ihrer Beobachtung konform.

Eine humane Gesellschaft sollte von Prangern gänzlich Abstand nehmen. Wir wissen, dass die Gründe, warum jemand dieses oder jenes tut, vielfältig sein können und sich manchmal sogar dem Handelnden entziehen. Das soll nicht die Arbeit der Justiz diskreditieren, sondern sie überhaupt erst ermöglichen. Die Justiz, die mit medizinischen, forensischen und anderen Experten zusammenarbeitet, um einen Fall aufzuarbeiten. Sie gerät immer ins Schussfeld, weil die Öffentlichkeit sie unter Zugzwang bringt. Wie gehen die Richter mit einem prominenten Angeklagten um? Lassen wir einfach die Richter ihre Arbeit machen und werfen nicht in der Zwischenzeit mit faulem Gemüse. Der Pranger ist ein mittelalterliches Instrument. In unserer Gegenwart hat er nichts mehr zu suchen.

8. Den medialen Verstärker ausstecken

Von einem Journalisten werden Sie nichts anderes hören: Medien sind wichtig. Ihre Funktion ist es, aufzudecken. Der digitale Wandel hat dazu geführt, dass die Ergebnisse unserer Arbeit wie mit einem Verstärker verbunden zu hören sind. Das heißt, dass der Klang lauter ist als früher, lauter als tatsächlich.

Der digitale Wandel bringt zwei Herausforderungen für die journalistische Berichterstattung: Zum einen ist das, was einmal in der Welt ist, nicht mehr zurückzuholen. Eine Behauptung, die einmal über die sozialen Netzwerke, über Facebook und Twitter verbreitet ist, können Sie nicht mehr zurücknehmen. Umso mehr ist die saubere Recherche unerlässlich. Aber wir Journalisten sind auch unter Zugzwang. Wenn nicht in der Weise berichtet wird, wie das Empfinden der Öffentlichkeit ist, dann werden die Journalisten der Parteilichkeit beschuldigt. Wir, die Medien, sind Teil der Öffentlichkeit. Wir, die Journalisten, sind wie alle anderen auch empfänglich für Häme. Wir sind ja keine Helden oder Heiligen.

Zum anderen sind die Medien auch eine Industrie. Sie müssen dem Publikum, ihrer Öffentlichkeit geben, wonach sie verlangt. Das führt zum zweiten Punkt: zur Echtzeitkommunikation im digitalen Zeitalter. Wir sind es gewohnt, ständig mit Aktuellem versorgt zu werden. Die Nachrichtenindustrie liefert diese Nachrichten. Sie verbindet sie natürlich mit dem Label »Musst du wissen« – sonst wären es ja keine Nachrichten mehr. Die Nachricht im Wortsinn ist etwas, was noch nicht gewusst wurde, aber nun zu wissen ist: eine neue Sachlage, eine Entwicklung. Was zu wissen ist, liegt in der Abwägung der Journalisten. Gleichzeitig sind es unter den Bedingungen von Echtzeitkommunikation und permanenter Sendung viel mehr Dinge, die unter dieses Kriterium fallen können.

Und: Dinge bekommen Neuigkeitswert, die nach alter Zählung eigentlich keinen haben. Der Newsticker ist allgegenwärtig. Da jeder zu jeder Zeit »einschalten« kann, also Nachrichten immer in einem Fluss sind, kann alles passieren, nur eines nicht: dass der Fluss unterbrochen wird. Unsere Vorfahren saßen um kurz vor acht vor dem Fernseher in der guten Stube und beobachteten den Sekundenzeiger dabei, wie er auf die Acht zulief. Dann begann die *Tagesschau*. An dem Tag, an dem Kennedy ermordet wurde, lief der Zeiger über die Acht – und nichts passierte. Fernsehdeutschland stand Kopf. Ein Bericht aus den USA lag noch nicht vor, die Top-News waren noch nicht zum Zeigen bereit. So in etwa wären die Folgen, wenn Spiegel Online oder ein anderes Nachrichtenmedium auf einmal nicht mehr minütlich von den Brennpunkten unserer Erde berichten würde.

Wir können diese Entwicklung nicht zurückdrehen und sollten auch gar nicht das Verlangen danach haben. Wichtig ist, sich immer bewusst zu machen, dass es heute, anders als früher, als die Abstände zwischen unserem Medienkonsum meist 24 Stunden betragen haben oder man sich zwei Mal am Tag einen Überblick verschafft hat (Tageszeitungslektüre morgens, *Tagesschau* abends), niemals abgeschlossene Geschichten gibt. Das, was wir im Netz lesen, ist fast immer ein Zwischenstand. Wir diskutieren in den Medien darüber, wie wir diesen veränderten Umständen Rechnung tragen können, wie wir Leserinnen und Leser einbinden, die Fakten haben, mit denen sie unsere Geschichten im Laufe eines Tages bereichern können. Oder selbst an den Geschichten weiterschreiben.

Der vor-digitale Journalismus lebte unter dem Eindruck seiner Rezipienten, am Morgen oder am Abend einen Ist-Zustand zu präsentieren. 12 oder 24 Stunden später wurde die Entwicklung als nächster Ist-Zustand beschrieben. Dem lag früher ein bestimmtes Konzept von Zeitlichkeit zugrunde, genauso wie das heute der Fall ist. Diese Konzepte sind Konzepte, die der Medienkonsument entwickelt und die aktiv von uns als Journalisten genährt werden. Wir möchten ja sagen: Du musst das lesen! Du musst das anschauen. Wahrscheinlich glauben wir das in der Mehrheit der Fälle auch selbst, weil wir unsere Arbeit ernst nehmen.

Wir müssen den Verstärker ausschalten und die Dinge in ihrer tatsächlichen Lautstärke hören.

9. Wir brauchen einen neuen Heldentyp!

Es ist erstaunlich: Am Beginn des 21. Jahrhunderts ist unser Heldenideal wieder ein antikes. Das, was wir von unseren Prominenten erwarten, die wir in der Tradition der Heldenfiguren unserer Geistes- und Literaturgeschichte begreifen, erwarten wir von Helden wie Odysseus oder Herakles und Erleuchteten wie Jesus Christus. Darunter machen wir es nicht. An den Seitenlinien dieser Heldengeschichten von einst stehen die

Personen, die den gebrochenen Helden geben, einen, der nicht so strahlt, aber für die Erzählung maßgeblich ist. Die Jünger des Herrn sind ängstlich. Sie verraten ihren besten Freund. Judas genauso wie Petrus. Es sind die Anti-Helden.

Die Helden der Vergangenheit sind fiktive. Von Christus zu Batman ist es kein weiter Weg. Denn die Geschichten, die über sie erzählt werden, kommen uns im Kleid der Fiktion zu Ohren. Natürlich hat Jesus gelebt. Uli Hoeneß lebt auch. Aber wir kennen weder den einen noch den anderen persönlich. Diese Distanz, die im Modus des Erzählens entsteht, sei es in einem Epos, sei es in einem TV-Magazin, rückt diese Menschen in ein idealisiertes Licht. Die Probe aufs Exempel ist leicht gemacht: Es ist etwas anderes, ob einem im Fernsehen ein homosexueller Bürgermeister oder homosexueller Außenminister präsentiert wird oder ob der eigene Sohn oder die eigene Tochter im Wohnzimmer verkündet, dass er oder sie gleichgeschlechtlich liebt. Das eine ist weit weg, das andere ist sehr nah dran.

Die meisten, die über Rainer Brüderle, Karl-Theodor zu Guttenberg, Uli Hoeneß, Jörg Kachelmann, Annette Schavan, Andreas Türck, Christian Wulff, Andreas Türck oder Klaus Zumwinkel urteilen, kennen die Personen nicht, sondern nur ihr öffentlich vermitteltes Ich. So wie die Öffentlichkeit eine virtuelle, künstlich erzeugte und dennoch reale Entität ist, so sind es unsere Prominenten auch.

Jede Zeit entwickelt ihre Helden. Die Schwellenzeiten sind dafür besonders bekannt. Viele unserer modernen Comic-Helden stammen aus den Kriegs- und Krisenzeiten der ersten Hälfte des 20. Jahrhunderts.

An der Schwellenzeit von Renaissance und Zeitalter der Glaubenskriege entstehen andere Heldenfiguren. Eine allseits bekannte ist Don Quijote. Carlos Fuentes schreibt in seiner Geschichte der hispanischen Welt, Cervantes, der Autor unseres Helden, begründete »mit seinem Buch Don Quijote de la Mancha den modernen Roman in eben der Nation, die sich der Modernität widersetzte. Während das Spanien der Inquisition der Welt eine einzige, dogmatische und orthodoxe Anschauung aufzwang, stellt sich Cervantes im Kern eine Welt mit vielen verschiedenen Anschauungen vor, und er tat dies mit einer augenscheinlich unschuldigen Satire auf die Ritterromane.«[6] Bei Cervantes kommt ein neuer Held in einem alten literarischen Kleid daher. Auch wir brauchen einen neuen Heldentyp.

Wenn Don Quijote der Held ist, dann ist Sancho Pansa der Gegenheld. Oder, um die Begriffe zu verwenden, die in der Musik die verschiedenen Stimmen einer Fuge bezeichnen: Don Quijote ist der *dux* (der Anführer), Sancho Pansa der *comes* (der Begleiter). Beide gemeinsam machen eine Fuge zu dem, was sie ist. Fuge kommt von *fuga*, von Flucht. Helden sind immer unterwegs zu einem Ziel hin – sei es die bessere Welt oder die Arme einer Frau. Helden gibt es nur mit einer Vision vom guten und gelingenden Leben.

Im Begleiter werden die Eigenschaften, die guten und die schlechten, hervorgehoben, sowohl vom *dux* als auch vom *comes*. Sie spiegeln sich gegenseitig.

Der digitale Wandel markiert einen Epochenwandel. Wie sehen unsere Helden aus angesichts einer Welt, die kein Geheimnis und keine Diskretion mehr kennt? Sie stehen immer voll vor uns: mit all ihren Licht- und

Schattenseiten. Es gibt kein Nacheinander mehr, keine zeitliche Konsekution. Die antiken Helden durchleben Episoden – eine helle, eine dunkle. Auf eine gemeisterte Herausforderung kommt der Moment der Erholung. Im Netz hingegen sind wir immerwährende Gegenwart, Seiende.

Wie sehen die Abenteuer der digitalen Helden aus? Schauen wir auf die Literatur und stellen uns vor, wie die Helden des Altertums heute vorgehen würden. *Aventure* bezeichnet das Abenteuer, den Aufbruch ins Ungewisse. Wir wissen, wie eine Seitenstraße in Kuala Lumpur aussieht, Dank Google Maps und Google Street View. Diese Form des Abenteuers scheidet also aus. Ein Agent 007, zweifelsohne ein Held in der Zeit des Kalten Krieges, ist auf seine Intuition angewiesen, sein Gespür, das ihn nie trügt – außer vielleicht bei der einen oder anderen Frau, aus deren Schlinge er sich dann doch irgendwie befreien kann. *Aventure* meint auch das Liebesabenteuer. Heute sind wir alle erkennbar, decodierbar. Es gibt keine dringende Notwendigkeit, das Kombinieren und das sichere Geschick zu Eigenschaften von Helden zu stilisieren. Und über die Liebe in Zeiten des Internets ist vieles gesagt worden.

Die Läuterung, die Reinigung des tragischen Helden, der Umschwung im antiken Drama – was ist damit? Es ergibt sich aus dem, was wir über unsere gefallenen Helden gesagt haben: Die Chance zur Läuterung bekommen die allerwenigsten. Das einzige Beispiel aus der jüngeren Vergangenheit ist das von Margot Käßmann, die als Bischöfin und Ratsvorsitzende der EKD angetrunken von einer Polizeistreife angehalten wurde. Sie hat für sich die Konsequenzen gezogen und ist schnell von all ihren Ämtern zurückgetreten. Der öffentliche Bußakt wurde vollzogen, die Öffentlichkeit zollte Anerkennung für den Schritt. Frau Käßmann zog sich daraufhin von der öffentlichen Bühne zurück, um nach einer gewissen Zeispanne wieder ein Amt in ihrer Kirche auszuüben.

SCHLUSS: WIE SIEHT DER NEUE HELDENTYP AUS?

Dux und *comes* – in Zeiten des Internets, in denen das, was der Mensch gerne wäre, und das, was er ist, in einem Moment ins Auge fallen, ist ein Held zugleich Führer und Begleiter, Held und Anti-Held. Einer allein kann nicht mehr alle Erwartungen, Hoffnungen und Segnungen einer Gemeinschaft auf sich vereinen und zu beantworten suchen. Bedeutet das nun, dass nur noch Paare wie Marianne und Michael oder Joko und Klaas unsere Helden sein können? Nun, das wäre eine schillernde These auf der Zielgeraden dieses Buches. Den klassischen Helden als quasi omnipotenten Macher kann es nicht mehr geben. Wir kennen Menschen, denen absolute Macht zugeschrieben wird, nur aus ziemlich alten Büchern. Nur Gott, sagt Alexis de Tocqueville, kann ohne Gefahr allmächtig sein. Für alle anderen bedeutet Machtfülle viele Gegner und Feinde. Jenseits der Comics, die von Fledermaus- und Spinnenmännern bevölkert werden, wird Macht immer geteilt. Es gibt nicht den einen, der auf alle Fragen eine Antwort hat.

Unsere Sehnsucht nach diesen Helden ist ein Derivat aus der Zeit, als unsere Eltern uns vor dem Einschlafen noch Geschichten vorgelesen haben. In unserer Erinnerung leben die Erzählungen dieser Helden fort.

Sei es Robin Hood oder Sindbad der Seefahrer. Neben diese Helden unserer Kindheit stellen wir unterbewusst die Musiker und Schauspieler, die wir verehren, und die Menschen, die wir als Wohltäter bewundern. In unserer Vorstellung sind sie ohne Fehl. Und wenn die Versuchung an sie herantritt, dann nur, damit sie sie überwinden, damit das Gute umso heller scheint. Ich möchte diese Sehnsucht gar nicht verlachen. Ich denke aber, es tut gut, sie offenzulegen; dann können wir damit arbeiten.

Das Modell vom Menschen, der zugleich Sünder und Gerechter ist, ist ein analytisches. Vor uns steht immer nur ein Mensch, wir sehen ein Gesicht mit einer Stirn, hinter die wir nicht blicken können. Wir müssen das andere immer mitdenken – und dabei uns selber im Blick behalten. Wir müssen die Schere zu schließen versuchen zwischen dem, wie wir uns selbst wahrnehmen, und der Art, wie wir die Fernen, die Prominenten, beurteilen.

Letztendlich liegt darin die Wendung dessen, was Byung-Chul Han so kulturpessimistisch beschreibt. Die Tatsache, dass die Distanzen sich verringern, ermöglicht es uns, den anderen wie uns selbst wahrzunehmen. Wir können »die da oben« mit denselben Maßstäben messen, mit denen wir uns messen. Das Ergebnis wird dann, wenn wir das wollen, ein menschlicher Held sein. Die Distanz ist eine andere als in vordigitaler Zeit, das ist richtig. Sie wird aber mit echten, interpersonalen Einheiten gemessen. Wenn der andere – »in echt«, wie Kinder sagen – vor einem steht, wird auch der Respekt geerdet. Jemandem neben mir trete ich anders gegenüber als einem, den ich über mir, »da oben«, verorte.

Dabei können wir nebenbei auch noch den spezifischen Nachteil für das konsekutive Leben eines Helden beheben– indem wir den Blick immer auf die ganze Person lenken, den Menschen nicht eindimensional und gelegentlich über die Gebühr lobend in den Himmel heben, um im nächsten Moment zu merken, dass er oder sie doch nur ein Normalsterblicher ist.

Ist unsere Gesellschaft dann nicht am Ende doch eine von Gleichen? Wenn wir die Helden erden, sie nicht mehr fliegen und Wunder tun, wie imaginieren wir dann die Verkörperung des Guten? Egal welche Gesellschaft wir uns für die Zukunft vorstellen, eine *societas perfecta* wird sie nicht sein. Der Mensch ist immer zugleich gut und böse. Die Vergottung eines Ideals führt in gesellschaftliche Sackgassen. Das erleben wir heute.

Also: Haben wir eine Vison vom guten und gelingenden Leben, eine gesellschaftliche Utopie, einen Masterplan? Nein, haben wir nicht. Denn wir sind ja mit den Menschen beschäftigt, wie echte Kleingeister. Über Ereignisse sprechen wir eingeschränkt. Das heißt, um im Einganszitat zu bleiben: Noch kommen wir über das Mittelmäßige nicht hinaus.

Wie wir zu großen Geistern werden

Es gilt, den Horizont zu weiten. Dafür muss man die Idee lieben. Dafür muss man Innovation als etwas Positives begreifen. Wir bringen sie bei uns zu häufig in Gegenposition zu dem Erreichten, das Etablierte gegen das Neue, das Wagnis gegen die Beständigkeit. Der Unternehmer ist den Deutschen daher erst einmal suspekt. Neue Geschäftsideen decken ja entweder Lücken im Bestehenden auf oder entdecken Entwicklungen früher. C.P. Snow beschreibt, wie sich Deutschland gegen England in den Disziplinen durchgesetzt hat, die wir heute Applied Sciences nennen.[7] Deutschland hingegen wurde, was die digitalen Technologien angeht, von den USA abgehängt. Was wir in Deutschland an Internetinnovation produzieren, verändert vom technologischen Standpunkt aus unser Zusammenleben nicht. Unser Verharren auf dem Status quo macht uns höchstens zu guten Kopierern bereits auf dem US-amerikanischen Markt existierender Geschäftsmodelle. Die Innovationsträgheit, wenn nicht -feindlichkeit, der klassischen etablierten Player in der Wirtschaft ist ein messbares Ergebnis davon, dass wir nicht ausreichend um Ideen kreisen.

Das Neue ist eine Chance und keine Gefahr. Ich erinnere mich an eine Postkarte, die in einer WG in meiner Studienzeit an der Küchenpinnwand hing. Darauf ist ein altes Ehepaar abgebildet, ebenfalls in einer Küche, am Tisch sitzend. Und sie sagt zu ihm: *»Remember the times we almost dropped it all and went to New York.«* (Erinnerst du dich daran, als wir beinahe alles hinter uns gelassen hätten, um nach New York zu ziehen?) »Beinahe« ist das Wort. Wenn am Ende des Lebens, bei der Zurückschau, das, was man beinahe getan hätte, im Fokus steht und nicht das, was man wirklich gewagt hat, dann ist alles gesagt. Diese Postkarte ist das Menetekel an der Wand unserer Küchen. Die Küche gilt ja, auch das wissen wir von den Partys unserer Jugendzeit, als der gemütlichste Raum in der Wohnung. Dort versammeln sich alle, dort, in der Nähe des Kühlschranks, der sein heimeliges Licht verstreut, wenn er geöffnet wird, um ihm eine weitere Flasche kühlen Biers zu entnehmen.

Das gelingende Leben ohne Häme und Neid

Wie leben wir nun gut, was ist ein gelingendes Leben? Wir haben uns vollkommen zu Recht angewöhnt, von Tugendterror zu sprechen, wenn einzelne Gruppen in der Gesellschaft ihre Sichtweise auf die Wirklichkeit allen anderen als alleinseligmachende aufzwingen mögen. Die Grünen und ihre Spitzenfrau Claudia Roth haben dafür als Beleg herhalten müssen. Es gibt weitere Beispiele, in der Gender-Debatte etwa oder in der Frage einer Frauenquote.

Tugend und totalitär schließen sich aus. Es ist sehr interessant: Wir vergöttern Todsünden wie den Geiz und frönen dem Neid über das Vehikel seiner kleinen Schwester, der Häme. Gleichzeitig strömt aus dem Bauch der Gesellschaft ein Empfinden in die Öffentlichkeit, das Tugend zu etwas Absolutem macht. Damit werden wir unfrei, können nicht mehr atmen. Denn mit Tugend ist es wie mit der Moral – sie entsteht im Abgleich mit der Wirklichkeit, im Dialog, in konkreten Situationen. Sagen wir es so: Die Tugend erprobt sich, die Tugend erweist ihre Wirksamkeit in konkreten Fällen, wo sie die Anleitung zum Handeln gibt. Wo die Tugend zum einen durch Untugenden wie Häme verdrängt wird und zum anderen negativ konnotiert ist, geraten auch die Helden ins Wanken und mit ihnen wir.

Wir haben bereits über die linguistische Wende gesprochen und damit verbunden über die Haltung, dass Sprache Handlung ist. Sprache reflektiert das Denken und das Denken wiederum das Bewusstsein. Unsere Handlungen sollen gut sein und damit auch unsere Sprache, unser Denken und unser Bewusstsein. Alle genannten Parameter sind dem Wandel unterworfen: das Denken und das Sprechen und somit das Bewusstsein und unser Handeln. Diesen permanenten Wandel muss man gestalten wollen, sonst erstarrt man in »über das und das diskutiert man nicht«. Das ist anstrengend, aber der Mühe wert. Am Ende steht eine lebendige, diskursive Gesellschaft. Unsere Helden, die neuen Guten, sollten die diskursiven Helden sein!

Der diskursive Held ist ein tugendhafter. Oh nein! Oh doch. Lassen Sie uns »tugendhaft« in dem Sinne verstehen, wie es der Philosoph Robert Spaemann in seinem Buch *Glück und Wohlwollen* ausgeführt hat:

> »Der Tugendhafte ist derjenige, dessen Leben nicht Spielball des Zufalls ist, sondern dessen gegenwärtige Verfassung ihn in Stand setzt, seine Lebenspraxis als Ganze zu antizipieren. Seine Orientierung ist nicht bloße Funktion von Umständen, Einflüssen und wechselnden Dispositionen, sondern sie garantiert eine jeweils angemessene freie Antwort auf die Kontingenzen des Daseins.«[8]

Man macht auch Fehler, wenn einem die Kontingenzen des Daseins begegnen. Damit sind die eigenen Grenzen gemeint, damit ist gemeint, dass man sich falsch entscheiden und im Handeln Fehler machen kann. Das gilt für Menschen allgemein, egal ob sie sich »oben«,

»unten« oder »in der Mitte« verorten. Dabei kann man ins Straucheln geraten. Tugend kann man aber wieder zurückerlangen! Etwas, was in der gegenwärtigen Zeit in unserer Öffentlichkeit und damit auch in unserer Gesellschaft infrage gestellt wird.

Wenn es zum gelingenden Leben dazugehört, die Orientierung seines Lebens, wie Spaemann sagt, nicht auf die Umstände zu schieben, dann hätten wir alle enormen Nachholbedarf. Aber es ergibt ja Sinn: Die Umstände haben Einfluss, aber bestimmen sie uns vollkommen? Haben wir es nicht in der Hand, aus den Umständen auszubrechen? Wir sprachen von Augustinus und Luther und der Frage, ob der Mensch etwas zu seinem Leben beitragen kann, ob er einen freien Willen hat oder nicht. Erst der freie Wille ermöglicht es uns, so Spaemann, als Person tugendhaft zu sein.

> »Tugend aber ist jene auf Erziehung und Übung beruhende habituelle Disposition, die jeden, der sie besitzt, in Stand setzt, sich auf selbst als vernünftig Handelnden zu verlassen und gegenüber anderen für sich geradezustehen.«[9]

Der Prominente ist nicht per se tugendhafter als Nicht-Prominente. Nur weil er berühmt ist, ist er nicht zwingend glücklich oder materiell abgesichert. Unsere Verknüpfung von Erwählung (als Held, als Prominenter) und wirtschaftlichem Erfolg (was die Grundlage für den Neid ist) haben wir weiter oben im Kontext von Augustinus, Luther und Calvin betrachtet. Wir müssen diesen Zusammenhang aufgeben. Der Tugendhafte ist nicht automatisch der Prominente. In der gegenwärtigen Situation, in der wir den prominenten Helden virtuell wahrnehmen und ihn, den »da oben«, noch nicht gedanklich zu uns in die gute Stube setzen, muss dieser scheinbar simple Zusammenhang immer wieder betont werden. Dadurch, dass die digitalen Medien die Distanzen zwischen den Menschen abgebaut haben, geht dieser Zusammenhang im Lauf der Zeit verloren.

Eine Renaissance der Tugend ist eine Renaissance des autonomen Subjekts. Damit sind wir gemeint. Werden wir dann alle Helden? Das werden wir natürlich nicht. Die Zahl der Mitläufer, die Zahl derer, die ihre Disposition zum autonomen Subjekt nicht so recht nutzen wollen, wird immer hoch bleiben. Aber der Verpflichtung zur Tugend kann sich keiner entziehen. Damit ist jeder dann auch ein ganzes Stück allein beschäftigt oder auf sich gestellt. Es gilt das Gesagte über den Splitter im Auge des Bruders und den Balken im eigenen. Auf dem Weg machen alle Fehler, der Held, der wir sind, der Sünder, der wir sind, der Gerechte, der wir sind.

Wir sind unter einem Rechtfertigungsdruck gegenüber uns selbst, den Menschen, die uns wichtig sind, den größeren Zusammenhängen, die wir für uns als maßgeblich erachten, der Gesellschaft, bestimmten Werten, bestimmten Gruppen, gegenüber Gott. Natürlich ist mir bewusst, dass die einen sagen, dass es unverhandelbare, ewige Werte gibt und alles Gegenläufige Relativismus sei. Die anderen sagen, dass Werte im Diskurs entstehen und dass sie wandelbar seien. In beiden Fällen muss die Moral aber vom autonomen Subjekt erst einmal gesucht und aufgefunden werden.

Am wichtigsten ist, und da dürften sich die Anhänger beider Lager und Schulen zusammenfinden, wie Spaemann schreibt, dass wir nicht Spielball des Zufalls sind. Sowohl die postulierten absoluten Werte als auch die Befähigung zur Ausprägung von Moral richten sich an einen vernunftbegabten Menschen, der als zur Moral fähiges Subjekt gedacht wird. In der Folge bedeutet das: Wir können das Leben gestalten, und diese Gestaltungsmöglichkeit gibt uns die Freiheit, über die Normen und Konventionen, die wir uns selbst gegeben haben, hinaus zu agieren, sie in Maximen unseres Handelns zu wandeln, zu verbessern. Das Anerkennen dieser Freiheit macht die Räume weit, die wir für die Mitmenschen in unserer unmittelbaren Umgebung lassen. Der soziale Abgleich wird dann weniger nötig für unser Selbstverständnis, für unsere Identität. Dann könnten wir einen Turnaround schaffen. Denn es ist dieser soziale Abgleich, der die Gruppenzugehörigkeit und die Abgrenzung zu anderen Gruppen definiert. Er ist der Nukleus, aus dem dann der Neid und mit ihm die Häme auf den Plan treten und das Miteinander aus den Angeln heben.

Die Küche ist der gemütlichste Raum in einer Wohnung. Stellen Sie sich unsere Küche im Winter vor: Es zieht durch die Fensterritzen. Es ist kalt, und das Bier ist alle.

Rainer Brüderle, Karl-Theodor zu Guttenberg, Uli Hoeneß, Jörg Kachelmann, Annette Schavan, Andreas Türck, Christian Wulff, und Klaus Zumwinkel – das sind Namen von Menschen, die in der Vergangenheit am Pranger der Öffentlichkeit standen. Unser Umgang mit dem Fehlverhalten der Prominenten lässt Rückschlüsse auf uns zu, auf den Zustand des Zusammenlebens in unserer Gesellschaft.

Es gibt die Tendenz in der Gesellschaft, mit »denen da oben« härter ins Gericht zu gehen als mit anderen.

Prominente zahlen auf diese Weise dafür, dass sie in der Gesellschaft eine exponierte Stellung haben. Wir möchten Prominente als Helden unserer Gesellschaft haben und sind dennoch nicht glücklich mit ihnen. Der Grund liegt darin, dass wir die Gleichheit lieben und das Mittelmaß zum gesellschaftlichen Leitbild haben. Mit denen, die diesem Bild nicht entsprechen, haben wir unsere Schwierigkeiten.

Unsere Identität wird von denen herausgefordert, die ihr Leben anders gestalten als die Mehrheit. Die Zugehörigkeit zu einer sozialen Gruppe wird in Abgrenzung zu anderen Gruppen vorgenommen. Das »wir« und »die«. »Die da oben« sind hierbei nur *eine* Abgrenzungsmöglichkeit. Innerhalb der gesellschaftlichen Mitte findet eine große Ausdifferenzierung nach verschiedenen Kriterien statt – zum Beispiel nach Wohnort, Ausbildung, Gehalt. Dadurch ist man konstant in Bewegung und möchte gleichzeitig Ruhe. Uns stoßen die, die etwas wagen, ab, und gleichzeitig ziehen sie uns an. Aus dieser eigenen Unzufriedenheit erwächst das Interesse am Scheitern des anderen.

Und zwar nicht nur am Scheitern des Prominenten, sondern auch am Scheitern des Mitmenschen. Eine Gesellschaft, die das Scheitern mit Häme begleitet, gibt den sozialen Zusammenhalt preis. Dass es um diesen Zusammenhang nicht gut bestellt ist, bekommt man an vielen Stellen assoziativ mit. Wir schieben das aber auf externe Faktoren und setzen nicht bei uns an. Die Sozialwissenschaften helfen uns, zu verstehen, dass wir nur beim anderen schlechte Charaktermerkmale ausmachen, bei uns selber jedoch die Umstände anführen. Mildernde Umstände nur für uns. Wer es mit den Wissenschaften nicht so hat, der kann sich auf die Beichtspiegel verlegen: Den Splitter im Auge deines Bruders siehst du, den Balken in deinem eigenen Auge nicht.

Wir brauchen Distanz zu unserem eigenen Tun und zum Tun der anderen. Distanz ist Respekt. Dadurch verdrängen wir den ständigen sozialen Abgleich. Auch wenn wir dann alle nur über das Wetter sprechen: Wenigstens reden wir dann wieder miteinander.

Im aktuellen Zustand sind wir nicht genießbar. Die Öffentlichkeit frisst, zermalmt und scheidet aus. Sie ist der grausame Widergänger unserer jagenden Urahnen. In einem Umfeld, in dem Bundespräsidenten, Politiker und Wirtschaftsleute einer erbarmungslosen Öffentlichkeit ausgesetzt sind, können wir nicht davon ausgehen, dass noch irgendjemand für die Gesellschaft Verantwortung übernehmen und in ihr exponiert sein möchte. Die Gefahr, dass ein Fehler aus der Vergangenheit oder ein Fehler aus der Zukunft alles aus den Angeln hebt und das Leben zu einer Hatz wird, ist zu groß.

Die Öffentlichkeit ist ein Konstrukt. Sie ist eine virtuelle, medial vermittelte Größe. Ihr korrespondieren in der Wirklichkeit viele Teilrealitäten, Milieus der Gesellschaft. Die Öffentlichkeit bildet nicht zwingend alle diese Teilrealitäten ab. Die Öffentlichkeit verdichtet bestimmte Haltungen der Gesellschaft. Sie ist ein Brennglas. »Die da oben« werden als Helden gefeiert und zugleich skeptisch beäugt. Wer Erfolg hat, wird beäugt. Das gilt für die gesamte Gesellschaft und nicht nur für die Prominenten. Der Elitendiskurs, der in Deutschland seit Jahrzehnten erbittert geführt wird, bestätigt dies.

Wir haben Probleme mit unseren Helden, weil wir Probleme mit unserer Elite haben. Dabei leben wir in einem Land, in dem es für viele sehr viele Möglichkeiten gibt, es zu etwas zu bringen – unabhängig vom Berufstand und vom Portemonnaie der Eltern. Die Meritokratie ist die Errungenschaft unserer Gesellschaft, die wir mit unserem Umgang mit unseren prominenten Helden zu zerstören drohen.

Aus der Mitte der Gesellschaft, der Mittelschicht, die der Adressat dieser Streitschrift ist, kann und muss der Impuls kommen, etwas an der aktuellen Lage ändern zu wollen. Wir brauchen Barmherzigkeit. Die Barmherzigkeit ist das Pendant zur Gerechtigkeit. Was für Gott richtig ist, das muss auch für unser menschliches Zusammenleben gelten. Wenn Gott zu 100 Prozent gerecht wäre, so Thomas von Aquin, dann kann er nicht mehr barmherzig sein. Gott ist aber beides, gerecht und barmherzig. So müssen die beiden Tugenden in der Tugendmitte zusammenfinden. Es ist die Aufgabe der Gesellschaft, diese feine Austarierung nicht aus dem Blick zu verlieren.

Die Tugend ist nicht besonders in Mode. Wir sehen in der aktuellen Situation, was passiert, wenn sie aus dem Blick gerät. Tugend meint nicht moralisierende Selbstgerechtigkeit. Tugend bezeichnet die Suche nach dem guten Weg für ein gelingendes Leben. Die Antworten auf diese Fragen sind immer vorläufig und können für jeden und jede in verschiedenen Situationen zu verschiedenen Handlungen führen. Es ist etwas Demut gefragt angesichts der großen Herausforderung, vor der wir alle jeden Tag stehen – der Herausforderung, die richtigen Entscheidungen zu treffen. Wenn wir demütig werden vor der Komplexität des Lebens, dann werden wir uns auch vor Urteilen gegenüber anderen hüten. Und wir werden milder gegenüber uns selbst.

ANMERKUNGEN

1 Canetti (2011), S. 16
2 Hessel (2010), S. 10
3 Graeber (2013), S. 74
4 Byung-Hal (2013), S. 7
5 Byung-Hal (2013), S. 7f.
6 Fuentes (2007), S. 173
7 Snow (2012), S. 24
8 Spaemann (1998), S. 79
9 Spaemann (1998), S. 79

LITERATUR

Byung-Hal, Han: Im Schwarm. Ansichten des Digitalen. 1. Auflage. Berlin: Matthes &Seitz, 2013

Canetti, Elias: Masse und Macht.32. Auflage. Frankfurt: Fischer, 2011

Fuentes, Carlos: Der vergrabene Spiegel. Die Geschichte der hispanischen Welt. 4. Auflage. Frankfurt: Fischer, 2007

Graeber, David: Schulden. Die ersten 5000 Jahre. Vierte Auflage. Stuttgart: Klett-Cotta, 2012

Hessel, Stéphane: Empört euch! 11. Auflage. Berlin: Ullstein, 2011

Snow, Charles Percy: The Two Cultures. 15. Auflage. Cambridge University Press, 2012

Spaemann, Robert: Glück und Wohlwollen. Versuch über Ethik. Vierte Auflage. Stuttgart: Klett-Cotta, 1998